Preface

시험의 성패를 결정하는 데 있어 가장 중요한 요소 중 하나는 충분한 학습이라고 할 수 있다. 하지만 무작정 많은 양을 학습하는 것은 바람직하지 않다. 시험에 출제되는 모든 과목이 그렇듯, 전통적으로 중요하게 여겨지는 이론이나 내용들이 존재한다. 그리고 이러한 이론이나 내용들은 회를 걸쳐 반복적으로 시험에 출제되는 경향이 나타날 수밖에 없다. 따라서 모든 시험에 앞서 필수적으로 짚고 넘어가야 하는 것이 기출문제에 대한 파악이다.

헌법 과목은 5급 공무원(행정직 및 기술직)·외교관후보자 공채의 1차 필기시험 과목 중 하나이다. 대한민국헌법 조문에 대한 이해와 암기가 기본이 되어야 하며, 그 외에 판례와 부속 법령(헌법재판소법, 국회법, 공직선거법 등)에 대한 학습도 병행되어야 한다.

5급 헌법 기출문제집은 수험생들의 기출문제 완벽학습을 책임진다. 2017년부터 2020년까지 시행된 기출문제 지문 하나하나에 꼼꼼한 해설을 달아 기출문제에 대해 완벽하게 파악할 수 있도록 하였다.

공무원 시험의 경쟁률이 해마다 점점 더 치열해지고 있다. 이럴때 일수록 기본적인 내용에 대한 탄탄한 학습이 빛을 발한다. 수험생 모두가 자신을 믿고 본서와 함께 끝까지 노력하여 합격의 결실을 맺기를 희망한다.

S tructure

● 기출문제 학습비법

step 01 "진짜" 기출문제 풀기 with 스톱워치

step 02 기출 포인트만 쏙쏙! 정답 및 해설

step 03 고득점을 위한 PLUS+ 오답노트

step 04 합격을 위한 반복학습

5급 헌법 출제경향

2020년에 치러진 5급 공채 · 외교관후보자 시험의 헌법 과목에서 판례 문제 비중은 크게 줄어 8문제 정도가 출제되었으며, 헌법 조문을 묻는 문제는 거의 절반의 비중을 차지했다. 그 외에 부속법령(국회법, 헌법재판소법, 공직선거법 등)에 대한 문항도 5문제 정도 출제되었다. 올해 시험에서는 최신 판례나 개정 법령 등을 묻는 문제가 출제되지 않았지만 이에 대한 대비 역시 필요하다. 그러나 고득점을 얻기 위해 무엇보다도 우선시해야 할 것은 첫째, 가능한 한 많은 헌법 조문을 정확하게 암기하는 것이고, 둘째로는 기출문제를 반복해서 풀어봄으로써 기출 지문을 완벽하게 숙지하는 것이다. 꼼꼼하고 자세한 나노해설과 함께 합격에 한 걸음 다가서자.

● 본서의 특징 및 구성

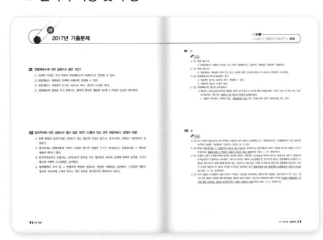

2017~2020년 기출문제 및 대한민국헌법 조문 수록

2017~2020년 헌법 기출문제를 수록하여 매년 반복적으로 출제되는 핵심내용을 확인하고, 변화하는 출제경향을 파악할 수 있다. 또, 효율적인 학습을 위해 헌법 조문을 직접 눈으로 보며 익힐 수 있도록 대한민국헌법을 부록으로 수록하였다.

나노급으로 꼼꼼하게 알려주는 해설

정답에 대한 상세한 해설을 통해 한 문제 한 문제에 대한 완전학습을 꾀하였다. 더하여 정답에 대한 설명뿐만 아니라 오답에 대한 보충 설명도 첨부하여 따로 이론서를 찾아볼 필요 없이 효율적인 학습이 될 수 있도록 구성하였다.

5급 헌법

신념을 가지고 도전하는 사람은 반드시 그 꿈을 이룰 수 있습니다.
처음에 품은 신념과 열정이 취업 성공의 그 날까지 빛바래지 않도록
서원각이 수험생 여러분을 응원합니다.

Contents

기출문제

01 헌법재판소에 대한 설명으로 옳은 것은?

① 법관의 자격을 가진 자만이 헌법재판소의 재판관으로 임명될 수 있다.

② 헌법재판소 재판관은 탄핵에 의해서만 파면될 수 있다.

③ 헌법재판소 재판관의 임기는 6년으로 하며, 정년은 65세로 한다.

④ 정당해산의 결정을 하기 위해서는 평의에 참가한 재판관 3분의 2 이상의 찬성이 필요하다.

02 법치주의에 대한 설명으로 옳지 않은 것은? (다툼이 있는 경우 헌법재판소 결정에 의함)

① 현행 헌법상 법치주의를 선언하고 있는 명문의 규정은 없으나, 법치주의는 헌법의 기본원리로 인정된다.

② 법치주의는 행정작용에 국회가 제정한 형식적 법률의 근거가 요청된다는 법률유보를 그 핵심적 내용의 하나로 한다.

③ 법치주의로부터 도출되는 신뢰보호의 원칙상 모든 법규범은 현재와 장래에 한하여 효력을 가지기 때문에 시혜적 소급입법은 금지된다.

④ 범죄행위의 무게 및 그 범행자의 책임에 상응하는 정당한 비례성을 감안하여, 기본권의 제한은 필요한 최소한에 그쳐야 한다는 것은 헌법상 법치국가의 원리에서 나온다.

01 ①

① [O] 헌법 제111조

　② 헌법재판소는 법관의 자격을 가진 9인의 재판관으로 구성하며, 재판관은 대통령이 임명한다.

② [X] 헌법 제112조

　③ 헌법재판소 재판관은 탄핵 또는 금고 이상의 형의 선고에 의하지 아니하고는 파면되지 아니한다.

③ [X] 헌법재판소법 제7조(재판관의 임기)

　① 재판관의 임기는 6년으로 하며, 연임할 수 있다.

　② 재판관의 정년은 70세로 한다.

④ [X] 헌법재판소법 제23조(심판정족수)

　② 재판부는 종국심리에 관여한 재판관 과반수의 찬성으로 사건에 관한 결정을 한다. 다만, 다음 각 호의 어느 하나에 해당하는 경우에는 <u>재판관 6명 이상의 찬성이 있어야 한다.</u>

　　1. 법률의 위헌결정, 탄핵의 결정, <u>정당해산의 결정</u> 또는 헌법소원에 관한 인용결정을 하는 경우

02 ③

① [O] 우리 헌법은 명문상으로 법치주의를 규정하고 있지 않으나 포괄위임금지, 의회유보원칙, 조세법률주의 등을 통해 법치주의가 헌법의 기본원리로 인정되고 있음을 알 수 있다.

② [O] 헌법은 법치주의를 그 기본원리의 하나로 하고 있으며, 법치주의는 행정작용에 국회가 제정한 형식적 법률의 근거가 요청된다는 <u>법률유보를 그 핵심적 내용의 하나로 하고 있다</u>(헌재 1999. 5. 27. 98헌바70).

③ [X] 개정된 신법이 피적용자에게 유리한 경우에 이른바 시혜적인 소급입법을 하여야 한다는 입법자의 의무가 헌법상의 원칙들로부터 도출되지는 아니한다. 따라서 이러한 시혜적 소급입법을 할 것인지의 여부는 입법재량의 문제로서 그 판단은 일차적으로 입법기관에 맡겨져 있는 것이므로 이와 같은 시혜적 조치를 할 것인가를 결정함에 있어서는 국민의 권리를 제한하거나 새로운 의무를 부과하는 경우와는 달리 <u>입법자에게 보다 광범위한 입법형성의 자유가 인정된다</u>(1998. 11. 26. 97헌바67).

④ [O] 우리 헌법은 국가권력의 남용으로부터 국민의 기본권을 보호하려는 법치국가의 실현을 기본이념으로 하고 있고, 법치국가의 개념은 범죄에 대한 법정형을 정함에 있어 죄질과 그에 따른 행위자의 책임 사이에 <u>적절한 비례관계가 지켜질 것을 요구하는 실질적 법치국가의 이념을 포함하고 있다</u>(헌재 1992. 4. 8. 90헌바24).

03 지방자치제도에 대한 설명으로 옳지 않은 것은?

① 지방자치단체의 장의 선임방법 기타 지방자치단체의 조직과 운영에 관한 사항은 법률로 정하나, 지방의회의 조직 · 권한 · 의원선거에 관한 사항은 조례로 정한다.

② 헌법재판소 결정에 의하면 지방자치제도는 제도적 보장의 하나로서, 그 제도의 본질적 내용을 침해하지 않는 범위 안에서 입법자에게 입법형성의 자유가 폭 넓게 인정된다.

③ 「지방자치법」 상의 지방자치단체 외에 특정한 목적을 수행하기 위하여 필요하면 따로 특별지방자치단체를 설치할 수 있다.

④ 지방자치단체는 주민의 복리에 관한 사무를 처리하고 재산을 관리하며, 법령의 범위 안에서 자치에 관한 규정을 제정할 수 있다.

04 헌법전문에 대한 설명으로 옳지 않은 것은?

① 제헌헌법부터 존재하던 헌법전문은 1972년 제7차 헌법개정에서 최초로 개정이 이루어졌다.

② 헌법재판소는 헌법전문에 기재된 3.1정신은 헌법이나 법률 해석의 기준으로 작용하지만, 그에 기하여 곧바로 국민의 개별적 기본권성을 도출해낼 수는 없다고 본다.

③ 헌법재판소 결정에 의하면 헌법전문은 헌법규범의 일부로서 헌법으로서의 규범적 효력을 나타내기 때문에 구체적으로는 헌법소송에서의 재판규범이 된다.

④ 현행 헌법의 전문에는 헌법의 성립유래만이 아니라, 헌법의 기본이념과 가치도 제시되어 있다.

03 ①

① [X] 헌법 제118조

　② 지방의회의 조직·권한·의원선거와 지방자치단체의 장의 선임방법 기타 지방자치단체의 조직과 운영에 관한 사항은 법률로 정한다.

② [O] 지방자치제도는 제도적 보장의 하나로, 제도적 보장은 객관적 제도를 헌법에 규정하여 당해 제도의 본질을 유지하려는 것으로서 <u>기본권 보장의 경우와는 달리 그 본질적 내용을 침해하지 아니하는 범위 안에서 입법자에게 제도의 구체적인 내용과 형태의 형성권을 폭넓게 인정한다</u>는 의미에서 '최소한 보장의 원칙'이 적용된다(헌재[전] 1997. 4. 24. 95헌바48).

③ [O] 지방자치법 제2조(지방자치단체의 종류)

　③ 제1항의 지방자치단체 외에 특정한 목적을 수행하기 위하여 필요하면 따로 특별지방자치단체를 설치할 수 있다.

④ [O] 헌법 제117조

　① 지방자치단체는 주민의 복리에 관한 사무를 처리하고 재산을 관리하며, 법령의 범위 안에서 자치에 관한 규정을 제정할 수 있다.

04 ①

① [X] 헌법전문을 최초로 개정한 것은 제5차 개헌(1962년)이다.

② [O] "헌법전문에 기재된 3.1정신"은 우리나라 헌법의 연혁적·이념적 기초로서 헌법이나 법률해석에서의 해석기준으로 작용한다고 할 수 있지만, 그에 기하여 곧바로 국민의 개별적 기본권성을 도출해낼 수는 없다고 할 것이므로, 헌법소원의 대상인 "<u>헌법상 보장된 기본권</u>"에 해당하지 아니한다(헌재[전] 2001. 3. 21. 선고 99헌마139).

③ [O] 헌법 전문은 헌법의 이념 내지 가치를 제시하고 있는 <u>헌법규범의 일부로서 헌법으로서의 규범적 효력을 나타내기 때문에 구체적으로는 헌법소송에서의 재판규범인 동시에 헌법이나 법률해석에서의 해석기준이 되고</u>, 입법형성권 행사의 한계와 정책결정의 방향을 제시하며, 나아가 모든 국가기관과 국민이 존중하고 지켜가야 하는 최고의 가치규범이다(헌재 1989. 9. 8. 88헌가6).

④ [O] 현행 헌법의 전문은 대한민국임시정부의 법통을 계승한다고 하여 헌법의 성립유래를 밝히며, 자유민주주의, 세계평화, 인류공영 등 기본이념과 가치를 제시하고 있다.

05 헌법상 경제조항에 대한 설명으로 옳지 않은 것은?

① 국가는 경제의 민주화를 위하여 경제에 관한 규제와 조정을 할 수 있다.

② 국가는 농지에 관하여 경자유전의 원칙이 달성될 수 있도록 노력하여야 하며, 농지의 임대차는 금지된다.

③ 국가는 건전한 소비행위를 계도하고 생산품의 품질향상을 촉구하기 위한 소비자보호운동을 법률이 정하는 바에 의하여 보장한다.

④ 국방상 또는 국민경제상 긴절한 필요로 인하여 법률이 정하는 경우에는 사영기업을 국유 또는 공유로 이전할 수 있다.

06 대통령의 국가긴급권에 대한 설명으로 옳은 것은?

① 헌법상 대통령의 계엄선포권은 '국가의 안위에 관계되는 중대한 교전상태'를 발동요건으로 한다.

② 헌법상 대통령이 발한 긴급명령에 대하여 국회의 승인을 얻지 못한 경우 그 명령은 소급하여 효력을 상실한다.

③ 헌법상 대통령의 긴급재정경제처분 및 명령권은 '국회의 집회가 불가능한 때'에 한하여 발할 수 있다.

④ 헌법상 비상계엄이 선포된 때에는 법률이 정하는 바에 의하여 영장제도, 언론 · 출판 · 집회 · 결사의 자유, 정부나 법원의 권한에 관하여 특별한 조치를 할 수 있다.

05 ②

① [O] 헌법 제119조

　　② 국가는 균형있는 국민경제의 성장 및 안정과 적정한 소득의 분배를 유지하고, 시장의 지배와 경제력의 남용을 방지하며, 경제주체간의 조화를 통한 경제의 민주화를 위하여 경제에 관한 규제와 조정을 할 수 있다.

② [X] 헌법 제121조

　　① 국가는 농지에 관하여 경자유전의 원칙이 달성될 수 있도록 노력하여야 하며, 농지의 소작제도는 금지된다.

　　　• 농업생산성의 제고와 농지의 합리적인 이용을 위하거나 불가피한 사정으로 발생하는 농지의 임대차와 위탁경영은 법률이 정하는 바에 의하여 인정된다.

③ [O] 헌법 제124조 … 국가는 건전한 소비행위를 계도하고 생산품의 품질향상을 촉구하기 위한 소비자보호운동을 법률이 정하는 바에 의하여 보장한다.

④ [O] 헌법 제126조 … 국방상 또는 국민경제상 긴절한 필요로 인하여 법률이 정하는 경우를 제외하고는, 사영기업을 국유 또는 공유로 이전하거나 그 경영을 통제 또는 관리할 수 없다.

06 ④

① [X] 헌법 제77조

　　① 대통령은 전시·사변 또는 이에 준하는 국가비상사태에 있어서 병력으로써 군사상의 필요에 응하거나 공공의 안녕질서를 유지할 필요가 있을 때에는 법률이 정하는 바에 의하여 계엄을 선포할 수 있다.

② [X] 헌법 제76조

　　④ 제3항의 승인을 얻지 못한 때에는 그 처분 또는 명령은 그때부터 효력을 상실한다. 이 경우 그 명령에 의하여 개정 또는 폐지되었던 법률은 그 명령이 승인을 얻지 못한 때부터 당연히 효력을 회복한다.

③ [X] 헌법 제76조

　　① 대통령은 내우·외환·천재·지변 또는 중대한 재정·경제상의 위기에 있어서 국가의 안전보장 또는 공공의 안녕질서를 유지하기 위하여 긴급한 조치가 필요하고 국회의 집회를 기다릴 여유가 없을 때에 한하여 최소한으로 필요한 재정·경제상의 처분을 하거나 이에 관하여 법률의 효력을 가지는 명령을 발할 수 있다.

④ [O] 헌법 제77조

　　③ 비상계엄이 선포된 때에는 법률이 정하는 바에 의하여 영장제도, 언론·출판·집회·결사의 자유, 정부나 법원의 권한에 관하여 특별한 조치를 할 수 있다.

07 사법권에 대한 설명으로 옳지 않은 것은?

① 군사법원의 상고심은 대법원에서 관할한다.

② 법률·명령·규칙이 헌법이나 법률에 위반되는 여부가 재판의 전제가 된 경우에는 대법원은 이를 최종적으로 심사할 권한을 가진다.

③ 국회는 국회의원의 자격심사·징계·제명을 할 수 있으며, 이러한 처분에 대하여는 법원에 제소할 수 없다.

④ 재판의 전심절차로서 행정심판을 할 수 있으며 행정심판의 절차는 법률로 정하되, 사법절차가 준용되어야 한다.

08 선거관리위원회에 대한 설명으로 옳지 않은 것은?

① 선거운동은 각급 선거관리위원회의 관리 하에 법률이 정하는 범위 안에서 하며, 선거에 관한 경비는 법률이 정하는 경우를 제외하고는 정당 또는 후보자에게 부담시킬 수 없다.

② 중앙선거관리위원회 위원은 정당에 가입하거나 정치에 관여할 수 없으며, 탄핵 또는 금고 이상의 형의 선고에 의하지 아니하고는 파면되지 아니한다.

③ 각급 선거관리위원회는 선거인명부의 작성 등 선거사무와 국민투표사무에 관하여 관계행정기관에 필요한 지시를 할 수 있으며, 이러한 지시를 받은 당해 행정기관은 이에 응하여야 한다.

④ 중앙선거관리위원회는 대통령이 임명하는 3인, 국회에서 선출하는 3인과 대법원장이 지명하는 3인의 위원으로 구성되며, 위원의 임기는 6년이고, 위원장은 위원 중에서 대통령이 지명한다.

07 ②

① [O] 헌법 제110조

　　② 군사법원의 상고심은 대법원에서 관할한다.

② [X] 헌법 제107조

　　② <u>명령·규칙 또는 처분이</u> 헌법이나 법률에 위반되는 여부가 재판의 전제가 된 경우에는 대법원은 이를 최종적으
　　　로 심사할 권한을 가진다.

③ [O] 헌법 제64조

　　② 국회는 의원의 자격을 심사하며, 의원을 징계할 수 있다.

　　③ 의원을 제명하려면 국회재적의원 3분의 2 이상의 찬성이 있어야 한다.

　　④ <u>제2항과 제3항의 처분에 대하여는 법원에 제소할 수 없다.</u>

④ [O] 헌법 제107조

　　③ 재판의 전심절차로서 행정심판을 할 수 있다. 행정심판의 절차는 법률로 정하되, 사법절차가 준용되어야 한다.

08 ④

① [O] 헌법 제116조

　　① 선거운동은 각급 선거관리위원회의 관리하에 법률이 정하는 범위안에서 하되, 균등한 기회가 보장되어야 한다.

　　② 선거에 관한 경비는 법률이 정하는 경우를 제외하고는 정당 또는 후보자에게 부담시킬 수 없다.

② [O] 헌법 제114조

　　④ 위원은 정당에 가입하거나 정치에 관여할 수 없다.

　　⑤ 위원은 탄핵 또는 금고 이상의 형의 선고에 의하지 아니하고는 파면되지 아니한다.

③ [O] 헌법 제115조

　　① 각급 선거관리위원회는 선거인명부의 작성등 선거사무와 국민투표사무에 관하여 관계 행정기관에 필요한 지시를
　　　할 수 있다.

　　② 제1항의 지시를 받은 당해 행정기관은 이에 응하여야 한다.

④ [X] 헌법 제114조

　　② 중앙선거관리위원회는 대통령이 임명하는 3인, 국회에서 선출하는 3인과 대법원장이 지명하는 3인의 위원으로
　　　구성한다. <u>위원장은 위원중에서 호선한다.</u>

　　③ 위원의 임기는 6년으로 한다.

09 국회의 의사원칙에 대한 설명으로 옳지 않은 것은?

① 국회의 회의는 공개한다. 다만, 출석의원 4분의 1 이상의 찬성이 있거나 의장이 국가의 안전보장을 위하여 필요하다고 인정할 때에는 공개하지 아니할 수 있다.

② 국회는 헌법 또는 법률에 특별한 규정이 없는 한 재적의원 과반수의 출석과 출석의원 과반수의 찬성으로 의결한다. 가부동수인 때에는 부결된 것으로 본다.

③ 국회에 제출된 법률안은 회기 중에 의결되지 못한 이유로 폐기되지 아니한다. 다만, 국회의원의 임기가 만료된 때에는 그러하지 아니하다.

④ 법률안에 대한 대통령의 재의의 요구가 있을 때에는 국회는 재의에 붙이고, 재적의원 과반수의 출석과 출석의원 3분의 2 이상의 찬성으로 전과 같은 의결을 하면 그 법률안은 법률로서 확정된다.

10 표현의 자유에 대한 설명으로 옳지 않은 것은? (다툼이 있는 경우 헌법재판소 결정에 의함)

① '특정의료기관이나 특정의료인의 기능·진료방법'에 관한 광고를 금지하는 것은 표현의 자유를 침해한다.

② 기초의회의원선거 후보자로 하여금 특정 정당으로부터의 지지 또는 추천 받음을 표방할 수 없도록 한 것은 정치적 표현의 자유를 침해한다.

③ 음란표현은 형사상 처벌대상이므로 언론·출판의 자유의 보호영역에 해당되지 않는다.

④ 「민사소송법」상의 가처분조항에 방영금지가처분을 포함시켜 가처분에 의한 방영금지를 허용하는 것은 헌법상 사전검열 금지원칙에 위배되지 않는다.

09 ①

① [X] 헌법 제50조

    ① 국회의 회의는 공개한다. 다만, 출석의원 과반수의 찬성이 있거나 의장이 국가의 안전보장을 위하여 필요하다고 인정할 때에는 공개하지 아니할 수 있다.

② [O] 헌법 제49조 … 국회는 헌법 또는 법률에 특별한 규정이 없는 한 재적의원 과반수의 출석과 출석의원 과반수의 찬성으로 의결한다. 가부동수인 때에는 부결된 것으로 본다.

③ [O] 헌법 제51조 … 국회에 제출된 법률안 기타의 의안은 회기중에 의결되지 못한 이유로 폐기되지 아니한다. 다만, 국회의원의 임기가 만료된 때에는 그러하지 아니하다.

④ [O] 헌법 제53조

    ④ 재의의 요구가 있을 때에는 국회는 재의에 붙이고, 재적의원과반수의 출석과 출석의원 3분의 2 이상의 찬성으로 전과 같은 의결을 하면 그 법률안은 법률로서 확정된다.

10 ③

① [O] 이 사건 조항으로 인한 의료인의 기능과 진료방법과 같은 중요한 의료정보의 유통제한은 의료인에게 자신의 기능과 진료방법에 관한 광고와 선전을 할 기회를 전면적으로 박탈함으로써 표현의 자유를 제한하고, 의료인이 다른 의료인과의 영업상 경쟁을 효율적으로 수행하는 것을 방해함으로써 직업수행의 자유를 제한하고 있다. 나아가 이 사건 조항은 소비자의 의료정보에 대한 알 권리를 제약하게 된다(헌재[전] 2005. 10. 27. 2003헌가3).

② [O] 즉, 후보자로서는 심지어 정당의 지지·추천 여부를 물어오는 유권자들에 대해서도 침묵하지 않으면 안 되고, 또한 정당을 통해 정계에 입문하려는 기초의회의원 후보자에게 지나치게 가혹하다. …… 현실적으로 후보자에 대한 정당의 지지·추천 여부는 유권자들이 선거권을 행사함에 있어서 중요한 참고사항이 될 수밖에 없다. 그렇다면, 이 사건 법률조항은 불확실한 입법목적을 실현하기 위하여 그다지 실효성도 없고 불분명한 방법으로 후보자의 정치적 표현의 자유를 과도하게 침해하고 있다고 할 것이다(헌재[전] 2003. 5. 15. 2003헌가9).

③ [X] 이 사건 법률조항의 음란표현은 헌법 제21조가 규정하는 언론·출판의 자유의 보호영역 내에 있다고 볼 것인바, 종전에 이와 견해를 달리하여 음란표현은 헌법 제21조가 규정하는 언론·출판의 자유의 보호영역에 해당하지 아니한다는 취지로 판시한 우리 재판소의 의견을 변경한다(헌재[전] 2009. 5. 28. 2006헌바109).

④ [O] 헌법 제21조 제2항에서 규정한 검열 금지의 원칙은 모든 형태의 사전적인 규제를 금지하는 것이 아니고 단지 의사표현의 발표 여부가 오로지 행정권의 허가에 달려있는 사전심사만을 금지하는 것을 뜻하므로, 이 사건 법률조항(민사소송법)에 의한 방영금지가처분은 행정권에 의한 사전심사나 금지처분이 아니라 개별 당사자간의 분쟁에 관하여 사법부가 사법절차에 의하여 심리, 결정하는 것이어서 헌법에서 금지하는 사전검열에 해당하지 아니한다(헌재[전] 2001. 8. 30. 2000헌바36).

11 법관에 대한 설명으로 옳은 것은?

① 법관은 징계처분에 의하지 아니하고는 파면되지 아니한다.

② 대법관의 임기는 6년이고, 연임할 수 없다.

③ 대법원장은 대법원장추천회의의 추천을 거쳐 대통령이 임명한다.

④ 대법원장과 대법관이 아닌 법관의 임기는 10년으로 하며, 법률이 정하는 바에 의하여 연임할 수 있다.

12 대통령의 자문에 응하기 위한 헌법상의 필수적 자문기관에 해당하는 것은?

① 국가원로자문회의

② 민주평화통일자문회의

③ 국가안전보장회의

④ 국민경제자문회의

11 ④

① [X] 헌법 제106조

　② 법관은 탄핵 또는 금고 이상의 형의 선고에 의하지 아니하고는 파면되지 아니하며, 징계처분에 의하지 아니하고는 정직 · 감봉 기타 불리한 처분을 받지 아니한다.

② [X] 헌법 제105조

　② 대법관의 임기는 6년으로 하며, 법률이 정하는 바에 의하여 연임할 수 있다.

③ [X] 헌법 제104조

　① 대법원장은 국회의 동의를 얻어 대통령이 임명한다.

④ [O] 헌법 제105조

　③ 대법원장과 대법관이 아닌 법관의 임기는 10년으로 하며, 법률이 정하는 바에 의하여 연임할 수 있다.

12 ③

① [X] 헌법 제90조

　① 국정의 중요한 사항에 관한 대통령의 자문에 응하기 위하여 국가원로로 구성되는 국가원로자문회의를 둘 수 있다.

② [X] 헌법 제92조

　① 평화통일정책의 수립에 관한 대통령의 자문에 응하기 위하여 민주평화통일자문회의를 둘 수 있다.

③ [O] 헌법 제91조

　① 국가안전보장에 관련되는 대외정책 · 군사정책과 국내정책의 수립에 관하여 국무회의의 심의에 앞서 대통령의 자문에 응하기 위하여 <u>국가안전보장회의를 둔다.</u>

④ [X] 헌법 제93조

　① 국민경제의 발전을 위한 중요정책의 수립에 관하여 대통령의 자문에 응하기 위하여 국민경제자문회의를 둘 수 있다.

13 국무회의에 대한 설명으로 옳지 않은 것은?

① 국무회의는 정부의 권한에 속하는 중요한 정책을 심의하며, 대통령·국무총리와 15인 이상 30인 이하의 국무위원으로 구성된다.

② 헌법재판소는 국무회의의 의결은 국가기관의 내부적 의사결정행위에 불과하여 그 자체로 국민에 대하여 직접적인 법률효과를 발생시키는 행위가 아니라고 본다.

③ 국정처리상황의 평가·분석 및 정부에 제출 또는 회부된 정부의 정책에 관계되는 청원의 심사는 헌법상 국무회의의 필수적 심의사항이다.

④ 국무총리는 대통령을 보좌하는 최상위의 지위에서 국무회의의 의장으로서 이를 주재한다.

14 기본권의 주체에 대한 설명으로 옳지 않은 것은? (다툼이 있는 경우 헌법재판소 결정에 의함)

① 아동과 청소년의 인격권은 성인과 마찬가지로 인간의 존엄성 및 행복추구권을 보장하는 헌법 제10조에 의하여 보호된다.

② 착상 전 초기배아의 경우 인간으로의 성장가능성을 기대할 수 있으므로 기본권 주체성이 인정된다.

③ 인간의 존엄과 가치 및 행복추구권은 '인간의 권리'로서 외국인도 그 주체가 될 수 있다.

④ 법인인 방송사업자의 의사에 반한 사과행위를 강제하는 것은 방송사업자의 인격권을 제한한다.

13 ④

① [O] 헌법 제88조 ② 국무회의는 <u>대통령·국무총리와 15인 이상 30인 이하의 국무위원으로 구성한다</u>.

② [O] 대통령이 국회에 파병동의안을 제출하기 전에 대통령을 보좌하기 위하여 파병 정책을 <u>심의, 의결한 국무회의의 의결</u> <u>은 국가기관의 내부적 의사결정행위에 불과하여</u> 그 자체로 국민에 대하여 직접적인 법률효과를 발생시키는 행위가 아니므로 헌법재판소법 제68조 제1항에서 말하는 <u>공권력의 행사에 해당하지 아니한다</u>(헌재 2003. 12. 18. 선고 2003헌마225).

③ [O] 헌법 제89조 … 다음 사항은 국무회의의 심의를 거쳐야 한다.

　　12. 국정처리상황의 평가·분석

　　15. 정부에 제출 또는 회부된 정부의 정책에 관계되는 청원의 심사

④ [X] 헌법 제88조

　　③ 대통령은 국무회의의 의장이 되고, 국무총리는 부의장이 된다.

14 ②

① [O] 아동과 청소년은 부모와 국가에 의한 단순한 보호의 대상이 아닌 독자적인 인격체이며, 그의 인격권은 성인과 마찬가 지로 인간의 존엄성 및 행복추구권을 보장하는 헌법 제10조에 의하여 보호된다(헌재[전] 2004. 5. 27. 2003헌가1).

② [X] 초기배아는 수정이 된 배아라는 점에서 형성 중인 생명의 첫걸음을 떼었다고 볼 여지가 있기는 하나 아직 모체에 착상되거나 원시선이 나타나지 않은 이상 현재의 자연과학적 인식 수준에서 독립된 인간과 배아 간의 개체적 연속 성을 확정하기 어렵다고 봄이 일반적이라는 점에서 <u>기본권 주체성을 인정하기 어렵다</u>(헌재 2010. 5. 27. 선고 2005헌마346).

③ [O] 인간의 존엄과 가치 및 행복추구권 등과 같이 단순히 '국민의 권리'가 아닌 '<u>인간의 권리</u>'로 볼 수 있는 기본권에 대해 <u>서는 외국인도 기본권의 주체가 될 수 있다</u>고 하여 인간의 권리에 대하여는 원칙적으로 외국인의 기본권 주체성을 인정하였다(헌재 2001. 11. 29. 99헌마494).

④ [O] 법인도 법인의 목적과 사회적 기능에 비추어 볼 때 그 성질에 반하지 않는 범위 내에서 인격권의 한 내용인 사회적 신용이나 명예 등의 주체가 될 수 있고 법인이 이러한 사회적 신용이나 명예 유지 내지 법인격의 자유로운 발현을 위하여 의사결정이나 행동을 어떻게 할 것인지를 자율적으로 결정하는 것도 <u>법인의 인격권의 한 내용을 이룬다고 할</u> <u>것이다</u>. 그렇다면 이 사건 심판대상조항은 방송사업자의 의사에 반한 사과행위를 강제함으로써 방송사업자의 인격 권을 제한한다(헌재[전] 2012. 8. 23. 선고 2009헌가27).

15 헌법상 법률제정 절차에 대한 설명으로 옳지 않은 것은?

① 국회에서 의결된 법률안은 정부에 이송되어 15일 이내에 대통령이 공포한다.

② 법률안에 이의가 있을 때에는 대통령은 법률안이 정부로 이송된 후 15일 이내에 이의서를 붙여 국회로 환부하고 그 재의를 요구할 수 있다.

③ 대통령은 법률안의 일부에 대하여 또는 법률안을 수정하여 재의를 요구할 수 없다.

④ 국회에서 확정된 법률이 정부에 이송된 후 5일 이내에 대통령이 공포하지 아니할 때에는 국무총리가 이를 공포한다.

16 헌법상 국회의 특별정족수에 대한 설명으로 옳지 않은 것은?

① 헌법재판소 재판관에 대한 탄핵소추는 국회재적의원 3분의 1 이상의 발의와 재적의원 과반수의 찬성이 있어야 한다.

② 국무총리 해임건의는 국회재적의원 과반수의 발의와 재적의원 3분의 2 이상의 찬성이 있어야 한다.

③ 국회의원을 제명하려면 국회재적의원 3분의 2 이상의 찬성이 있어야 한다.

④ 헌법개정안에 대한 국회의 의결은 재적의원 3분의 2 이상의 찬성을 얻어야 한다.

15 ④

① [O] 헌법 제53조

　① 국회에서 의결된 법률안은 정부에 이송되어 15일 이내에 대통령이 공포한다.

② [O] 헌법 제53조

　② 법률안에 이의가 있을 때에는 대통령은 제1항의 기간내에 이의서를 붙여 국회로 환부하고, 그 재의를 요구할 수 있다. 국회의 폐회중에도 또한 같다.

③ [O] 헌법 제53조

　③ 대통령은 법률안의 일부에 대하여 또는 법률안을 수정하여 재의를 요구할 수 없다.

④ [X] 헌법 제53조

　⑥ 대통령은 제4항과 제5항의 규정에 의하여 확정된 법률을 지체없이 공포하여야 한다. 제5항에 의하여 법률이 확정된 후 또는 제4항에 의한 확정법률이 정부에 이송된 후 5일 이내에 대통령이 공포하지 아니할 때에는 국회의 장이 이를 공포한다.

16 ②

① [O] 헌법 제65조

　② 제1항의 탄핵소추(헌법재판소 재판관 등)는 국회재적의원 3분의 1 이상의 발의가 있어야 하며, 그 의결은 국회재적의원 과반수의 찬성이 있어야 한다. 다만, 대통령에 대한 탄핵소추는 국회재적의원 과반수의 발의와 국회재적의원 3분의 2 이상의 찬성이 있어야 한다.

② [X] 헌법 제63조

　① 국회는 국무총리 또는 국무위원의 해임을 대통령에게 건의할 수 있다.

　② 제1항의 해임건의는 국회재적의원 3분의 1 이상의 발의에 의하여 국회재적의원 과반수의 찬성이 있어야 한다.

③ [O] 헌법 제64조

　③ 의원을 제명하려면 국회재적의원 3분의 2 이상의 찬성이 있어야 한다.

④ [O] 헌법 제130조

　① 국회는 헌법개정안이 공고된 날로부터 60일 이내에 의결하여야 하며, 국회의 의결은 재적의원 3분의 2 이상의 찬성을 얻어야 한다.

17 집회의 자유에 대한 설명으로 옳지 않은 것은? (다툼이 있는 경우 헌법재판소 결정에 의함)

① 집회의 자유는 개인의 인격발현의 요소이자 민주주의를 구성하는 요소라는 이중적 헌법적 기능을 가지고 있다.

② 집회의 자유는 개인이 집회에 참가하는 것을 방해하거나 또는 집회에 참가할 것을 강요하는 국가 행위를 금지한다.

③ 집회의 금지와 해산은 원칙적으로 공공의 안녕질서에 대한 직접적인 위협이 명백하게 존재하는 경우에 한하여 허용될 수 있다.

④ 외교기관 인근에서의 집회가 일반적으로 다른 장소와 비교할 때 중요한 보호법익과의 충돌상황을 야기할 수 있다거나, 이로써 법익에 대한 침해로 이어질 개연성이 높다고는 할 수 없다.

18 헌법개정에 대한 설명으로 옳지 않은 것은?

① 헌법개정은 국회재적의원 과반수 또는 대통령의 발의로 제안된다.

② 국회는 헌법개정안이 공고된 날로부터 30일 이내에 의결하여야 한다.

③ 헌법개정안은 국회가 의결한 후 30일 이내에 국민투표에 붙여 국회의원선거권자 과반수의 투표와 투표자 과반수의 찬성을 얻어야 한다.

④ 제안된 헌법개정안은 대통령이 20일 이상의 기간 이를 공고하여야 한다.

17 ④

 나노해설

① [O] 집회의 자유는 개인의 인격발현의 요소이자 민주주의를 구성하는 요소라는 이중적 헌법적 기능을 가지고 있다. 인간의 존엄성과 자유로운 인격발현을 최고의 가치로 삼는 우리 헌법질서 내에서 집회의 자유도 다른 모든 기본권과 마찬가지로 일차적으로는 개인의 자기결정과 인격발현에 기여하는 기본권이다. 뿐만 아니라, 집회를 통하여 국민들이 자신의 의견과 주장을 집단적으로 표명함으로써 여론의 형성에 영향을 미친다는 점에서, 집회의 자유는 표현의 자유와 더불어 민주적 공동체가 기능하기 위하여 불가결한 근본요소에 속한다(헌재[전] 2003. 10. 30. 선고 2000헌바67).

② [O] 따라서 집회의 자유는 개인이 집회에 참가하는 것을 방해하거나 또는 집회에 참가할 것을 강요하는 국가행위를 금지할 뿐만 아니라, 예컨대 집회장소로의 여행을 방해하거나, 집회장소로부터 귀가하는 것을 방해하거나, 집회참가자에 대한 검문의 방법으로 시간을 지연시킴으로써 집회장소에 접근하는 것을 방해하는 등 집회의 자유행사에 영향을 미치는 모든 조치를 금지한다(헌재[전] 2003. 10. 30. 선고 2000헌바67).

③ [O] 집회의 자유를 제한하는 대표적인 공권력의 행위는 집시법에서 규정하는 집회의 금지, 해산과 조건부 허용이다. 집회의 자유에 대한 제한은 다른 중요한 법익의 보호를 위하여 반드시 필요한 경우에 한하여 정당화되는 것이며, 특히 집회의 금지와 해산은 원칙적으로 공공의 안녕질서에 대한 직접적인 위협이 명백하게 존재하는 경우에 한하여 허용될 수 있다. 집회의 금지와 해산은 집회의 자유를 보다 적게 제한하는 다른 수단, 즉 조건을 붙여 집회를 허용하는 가능성을 모두 소진한 후에 비로소 고려될 수 있는 최종적인 수단이다(헌재[전] 2003. 10. 30. 선고 2000헌바67).

④ [X] 외교기관을 대상으로 하는 외교기관 인근에서의 옥외집회나 시위는 당사자들 사이의 갈등이 극단으로 치닫거나, 물리적 충돌로 발전할 개연성이 높고, 고도의 법익충돌 상황을 야기할 수 있기 때문에 외교기관 인근을 집회금지 구역으로 설정한 것 자체는 외교기관의 기능과 안전을 보호하려는 이 사건 법률조항의 입법목적을 보다 충실히 달성하기 위하여 적절한 수단이 될 수 있다. …… 그 가운데에서도 외교기관의 기능이나 안녕을 침해할 우려가 없다고 인정되는 세 가지의 예외적인 경우에는 이러한 집회 및 시위를 허용하고 있는바, 이는 입법기술상 가능한 최대한의 예외적 허용 규정이며, 그 예외적 허용 범위는 적절하다고 보이므로 이보다 더 넓은 범위의 예외를 인정하지 않는 것을 두고 침해의 최소성원칙에 반한다고 할 수 없다(헌재[전] 2010. 10. 28. 2010헌마111).

18 ②

 나노해설

① [O] 헌법 제128조
　① 헌법개정은 국회재적의원 과반수 또는 대통령의 발의로 제안된다.

② [X] 헌법 제130조
　① 국회는 헌법개정안이 공고된 날로부터 60일 이내에 의결하여야 하며, 국회의 의결은 재적의원 3분의 2 이상의 찬성을 얻어야 한다.

③ [O] 헌법 제130조
　② 헌법개정안은 국회가 의결한 후 30일 이내에 국민투표에 붙여 국회의원선거권자 과반수의 투표와 투표자 과반수의 찬성을 얻어야 한다.

④ [O] 헌법 제129조 … 제안된 헌법개정안은 대통령이 20일 이상의 기간 이를 공고하여야 한다.

19 대통령에 대한 설명으로 옳지 않은 것은?

① 대통령의 국법상 행위는 문서로써 하며, 이 문서에는 국무총리와 관계 국무위원이 부서한다. 다만, 군사에 관한 것은 예외로 한다.

② 대통령은 내란 또는 외환의 죄를 범한 경우를 제외하고는 재직 중 형사상의 소추를 받지 아니한다.

③ 대통령은 법률이 정하는 바에 의하여 사면·감형 또는 복권을 명할 수 있으며, 일반사면을 명하려면 국회의 동의를 얻어야 한다.

④ 대통령 선거에 있어서 최고득표자가 2인 이상인 때에는 국회의 재적의원 과반수가 출석한 공개회의에서 다수표를 얻은 자를 당선자로 한다.

20 현행 헌법에 대한 설명으로 옳지 않은 것은?

① 정당 조항과 헌법재판소 조항을 처음으로 규정하면서 정당해산을 헌법재판소의 결정에 따르게 하였다.

② 전문, 본문 10개장 130개조, 부칙 6개조로 구성되어 있으며, 제9차 헌법개정으로 탄생하였다.

③ 헌법전문에서 대한민국임시정부의 법통과 불의에 항거한 4.19민주이념의 계승 및 조국의 민주개혁의 사명을 명시하였다.

④ 대통령직선제로 변경하면서 5년 단임제를 채택하였고, 대통령의 국회해산권은 폐지하였다.

19 ①

① [X] 헌법 제82조 … 대통령의 국법상 행위는 문서로써 하며, 이 문서에는 국무총리와 관계 국무위원이 부서한다. <u>군사에 관한 것도 또한 같다.</u>

② [O] 헌법 제84조 … 대통령은 내란 또는 외환의 죄를 범한 경우를 제외하고는 재직중 형사상의 소추를 받지 아니한다.

③ [O] 헌법 제79조
    ① 대통령은 법률이 정하는 바에 의하여 사면·감형 또는 복권을 명할 수 있다.
    ② 일반사면을 명하려면 국회의 동의를 얻어야 한다.

④ [O] 헌법 제67조
    ② 제1항의 선거에 있어서 최고득표자가 2인 이상인 때에는 국회의 재적의원 과반수가 출석한 공개회의에서 다수표를 얻은 자를 당선자로 한다.

20 ①

① [X] 헌법재판소 조항은 제2공화국, 3차 개헌(1960년) 때 최초로 규정되었다.

② [O] 현행 헌법은 제9차 개정헌법이다.

③ [O] 헌법 전문에는 3.1운동, 임시정부의 법통 계승, 4.19민주이념의 계승, 조국의 민주개혁, 세계평화와 인류공영에 이바지함 등이 명시되어 있다.

④ [O] 헌법 제70조 … 대통령의 임기는 5년으로 하며, 중임할 수 없다.

21 참정권에 대한 설명으로 옳지 않은 것은? (다툼이 있는 경우 헌법재판소 결정에 의함)

① 민주국가에서의 국민주권의 원리는 무엇보다도 대의기관의 선출을 의미하는 선거와 일정사항에 대한 국민의 직접적 결단을 의미하는 국민투표에 의하여 실현된다.

② 지방자치단체의 장 선거권 역시 국회의원·대통령·지방의회의원 선거권과 마찬가지로 헌법에 의해 보호되는 기본권으로 인정하여야 한다.

③ 부재자투표시간을 오전 10시부터 오후 4시까지로 정하고 있는 법률규정은 투표함관리의 효율성과 안정성을 위해 필요하므로 헌법에 합치된다.

④ 집행유예자와 수형자 모두를 구체적인 범죄의 종류나 내용 및 불법성의 정도 등과 관계없이 일률적으로 선거권을 제한하는 것은 헌법에 위배된다.

22 기본권 제한에 대한 설명으로 옳지 않은 것은?

① 헌법재판소에 따르면 정당의 설립 및 가입을 금지하는 법률조항은 이를 정당화하는 사유의 중대성에 있어서 적어도 '민주적 기본질서에 대한 위반'에 버금가는 것이어야 한다.

② 재산권을 보장하면서 공용수용·공용사용·공용제한의 방식으로 재산권을 제한하는 경우에는 공공필요라는 목적이 있어야 한다.

③ 법률에 의해 일반적으로 기본권을 제한하는 경우에는 국가안전보장·질서유지 또는 공공복리라는 목적이 있어야 한다.

④ 법률이 정하는 주요방위산업체에 종사하는 근로자의 단체교섭권은 법률이 정하는 바에 의하여 이를 제한하거나 인정하지 아니할 수 있다.

21 ③

① [O] 헌법은 제1조 제2항에서 "대한민국의 주권은 국민에게 있고, 모든 권력은 국민으로부터 나온다."고 규정함으로써 국민주권의 원리를 천명하고 있다. 민주국가에서 국민주권의 원리는 무엇보다도 대의기관의 선출을 의미하는 선거와 필요한 경우 국민의 직접적 결정을 의미하는 국민투표에 의하여 실현된다(헌재[전] 2014. 1. 28. 선고 2013헌마105).

② [O] 지방자치단체의 장을 선거로 선출하여 온 우리 지방자치제의 역사에 비추어 볼 때, 지방자치단체의 장에 대한 주민 직선제 이외의 다른 선출방법을 허용할 수 없다는 관행과 이에 대한 국민적 인식이 광범위하게 존재한다고 볼 수 있다. 그러므로 지방자치단체의 장 선거권 역시 다른 선거권과 마찬가지로 헌법 제24조에 의해 보호되는 기본권으로 인정하여야 한다(헌재 2016. 10. 27. 선고 2014헌마797).

③ [X] 투표종료시간을 오후 4시까지로 정한 것은 투표당일 부재자투표의 인계·발송 절차를 밟을 수 있도록 함으로써 부재자투표의 인계·발송절차가 지연되는 것을 막고 투표관리의 효율성을 제고하고 투표함의 관리위험을 경감하기 위한 것이고 …… 투표개시시간을 일과시간 이내인 오전 10시부터로 정한 것은 투표시간을 줄인 만큼 투표관리의 효율성을 도모하고 행정부담을 줄이는 데 있고, 그 밖에 부재자투표의 인계·발송절차의 지연위험 등과는 관련이 없다. 따라서 이 사건 투표시간조항 중 투표개시시간 부분은 수단의 적정성, 법익균형성을 갖추지 못하므로 과잉금지원칙에 위배하여 청구인의 선거권과 평등권을 침해하는 것이다.(헌재[전] 2012. 2. 23. 선고 2010헌마601)

④ [O] 범죄자가 저지른 범죄의 경중을 전혀 고려하지 않고 수형자와 집행유예자 모두의 선거권을 제한하는 것은 침해의 최소성원칙에 어긋난다. 특히 집행유예자는 집행유예 선고가 실효되거나 취소되지 않는 한 교정시설에 구금되지 않고 일반인과 동일한 사회생활을 하고 있으므로, 그들의 선거권을 제한해야 할 필요성이 크지 않다(헌재[전] 2014. 1. 28. 선고 2012헌마409).

22 ④

① [O] 민주적 의사형성과정의 개방성을 보장하기 위하여 정당설립의 자유를 최대한으로 보호하려는 헌법 제8조의 정신에 비추어, 정당의 설립 및 가입을 금지하는 법률조항은 이를 정당화하는 사유의 중대성에 있어서 적어도 '민주적 기본질서에 대한 위반'에 버금가는 것이어야 한다고 판단된다(헌재[전] 1999. 12. 23. 선고 99헌마135).

② [O] 헌법 제23조
③ 공공필요에 의한 재산권의 수용·사용 또는 제한 및 그에 대한 보상은 법률로써 하되, 정당한 보상을 지급하여야 한다.

③ [O] 헌법 제37조
② 국민의 모든 자유와 권리는 국가안전보장·질서유지 또는 공공복리를 위하여 필요한 경우에 한하여 법률로써 제한할 수 있으며, 제한하는 경우에도 자유와 권리의 본질적인 내용을 침해할 수 없다.

④ [X] 헌법 제33조
③ 법률이 정하는 주요방위산업체에 종사하는 근로자의 단체행동권은 법률이 정하는 바에 의하여 이를 제한하거나 인정하지 아니할 수 있다.

23 절차적 기본권에 대한 설명으로 옳지 않은 것은? (다툼이 있는 경우 헌법재판소 결정에 의함)

① 항소심에서 심판대상이 된 사항에 한하여 법령위반의 상고 이유로 삼을 수 있도록 상고를 제한하는 「형사소송법」 규정은 재판청구권을 침해하여 위헌이다.

② 기피신청에 대한 재판을 그 신청을 받은 법관의 소속 법원 합의부에서 하도록 한 「민사소송법」 규정은 공정한 재판을 받을 권리를 침해하지 않는다.

③ 재심사유를 알고도 주장하지 아니한 때에는 재심의 소를 제기할 수 없도록 규정한 「민사소송법」 규정은 재판청구권을 침해하지 않는다.

④ 무죄판결이 확정된 형사피고인에게 국선변호인의 보수에 준하여 변호사 보수를 보상하여 주도록 규정한 「형사소송법」 규정은 재판청구권을 침해하지 않는다.

24 근로3권에 대한 설명으로 옳지 않은 것은? (다툼이 있는 경우 헌법재판소 결정에 의함)

① 노동조합을 설립할 때에 행정관청에 설립신고서를 제출하도록 하고 그 요건을 충족하지 못하는 경우 설립신고서를 반려하도록 규정하고 있는 노동조합법 규정은 노동조합법상 요구되는 요건만 충족하면 노동조합의 설립이 자유롭다는 점에서 헌법에서 금지하는 결사에 대한 허가제에 해당하지 않는다.

② 근로자가 노동조합을 결성하지 아니할 자유나 노동조합에 가입을 강제당하지 아니할 자유는 단결권의 내용에 포섭되는 것이 아니라, 일반적 행동자유권 또는 결사의 자유에서 그 근거를 찾을 수 있다.

③ 「교원의 노동조합 설립 및 운영 등에 관한 법률」의 적용을 받는 교원의 범위를 초·중등학교에 재직 중인 교원으로 한정하고 있는 것은 전국교직원노동조합 및 해직 교원들의 단결권을 침해하지 아니한다.

④ 노동조합이 당해 사업장에 종사하는 근로자의 3분의 2 이상을 대표하고 있을 때에는 근로자가 그 노동조합의 조합원이 될 것을 고용조건으로 하는 단체협약의 체결을 부당노동행위의 예외로 하는 법률규정은, 노동조합의 적극적 단결권이 근로자 개인의 단결하지 않을 자유보다 중시된다고 할 수 없고 노동조합에게 위와 같은 조직강제권을 부여하는 것은 근로자의 단결하지 아니할 자유의 본질적인 내용을 침해하는 것이므로 근로자의 단결권을 보장한 헌법에 위반된다.

23 ①

① [X] 모든 사건의 제1심 형사재판 절차에서는 법관에 의한 사실적·법률적 심리검토의 기회가 충분히 보장되어 있고, 피고인이 제1심 재판결과를 인정하여 항소심에서 다투지 아니하였다면, 심판대상조항에 의하여 상고가 제한된다 하더라도 형사피고인의 재판청구권을 과도하게 제한하는 것은 아니다. 그렇다면 심판대상조항이 합리적인 입법재량의 한계를 일탈하여 청구인들의 재판청구권을 침해하였다고 볼 수 없다(헌재 2015. 9. 24. 선고 2012헌마798).

② [O] 만약 기피신청을 당한 법관의 소속이 아닌 법원에서 기피재판을 담당하도록 한다면, 소송기록 등의 송부 절차에 시일이 걸려 상대방 당사자의 신속한 재판을 받을 권리를 저해할 수도 있다. 또한 기피신청에 대한 기각결정에 대하여는 즉시항고를 할 수 있도록 하여 상급심에 의한 시정의 기회가 부여되는 등 민사소송법에는 기피신청을 한 자의 공정한 재판을 받을 권리를 담보할 만한 법적 절차와 충분한 구제수단이 마련되어 있다. 따라서, 이 사건 법률조항은 공정한 재판을 받을 권리를 침해하지 아니한다(헌재[전] 2013. 3. 21. 선고 2011헌바219).

③ [O] 그리고 상소를 제기할 수 있는 때 재심사유의 존재를 알고도 상소심에서 그 사유를 주장하지 아니하였거나 상소 자체를 제기하지 아니한 경우에는 상소심에서 재심사유에 관하여 판단 받을 기회를 스스로 포기한 것이므로, 이러한 경우까지 재심을 통하여 구제를 허용할 필요성은 거의 없다. 따라서 이러한 경우 재심의 소를 제기할 수 없도록 한 것이 입법형성권의 한계를 벗어나 그 내용이 자의적이라고 하기 어렵다(2019. 2. 28. 선고 2016헌바457).

④ [O] 형사비용보상에서는 민사소송에서의 '소송목적의 값'과 같은 비용 상환기준을 제시하기가 어렵고, 국선변호인의 보수는 사안의 난이·수행직무의 내용 등을 참작하여 증액될 수도 있으며, 사법기관의 귀책사유가 있는 경우에는 국가배상청구 등을 통해 추가로 배상받을 수 있으므로 이 사건 법률조항은 침해최소성 및 법익균형성의 원칙에 반하지 않는다(헌재 2013. 8. 29. 선고 2012헌바168).

24 ④

① [O] 이 경우 노동조합법상 요구되는 요건만 충족되면 그 설립이 자유롭다는 점에서 일반적인 금지를 특정한 경우에 해제하는 허가와는 개념적으로 구분되고, 더욱이 행정관청의 설립신고서 수리 여부에 대한 결정은 재량 사항이 아니라 의무 사항으로 그 요건 충족이 확인되면 설립신고서를 수리하고 그 신고증을 교부하여야 한다는 점에서 단체의 설립 여부 자체를 사전에 심사하여 특정한 경우에 한해서만 그 설립을 허용하는 '허가'와는 다르다. 따라서 이 사건 법률조항의 노동조합 설립신고서 반려제도가 헌법 제21조 제2항 후단에서 금지하는 결사에 대한 허가제라고 볼 수 없다(헌재 2012. 3. 29. 선고 2011헌바53).

② [O] 그렇다면 근로자가 노동조합을 결성하지 아니할 자유나 노동조합에 가입을 강제당하지 아니할 자유, 그리고 가입한 노동조합을 탈퇴할 자유는 근로자에게 보장된 단결권의 내용에 포섭되는 권리로서가 아니라 헌법 제10조의 행복추구권에서 파생되는 일반적 행동의 자유 또는 제21조 제1항의 결사의 자유에서 그 근거를 찾을 수 있다(헌재 1999. 11. 25. 98헌마141).

③ [O] 교원의 근로조건과 직접 관련이 없는 교원이 아닌 사람을 교원노조의 조합원 자격에서 배제하는 것이 단결권의 지나친 제한이라고 볼 수 없고, 교원으로 취업하기를 희망하는 사람들이 '노동조합 및 노동관계조정법'에 따라 노동조합을 설립하거나 그에 가입하는 데에는 아무런 제한이 없으므로 이들의 단결권이 박탈되는 것도 아니다. 따라서 해고된 사람의 교원노조 조합원 자격을 제한하는 데에는 합리적 이유가 인정된다(헌재[전] 2015. 5. 28. 선고 2013헌마671).

④ [X] 이 경우 근로자의 단결하지 아니할 자유와 노동조합의 적극적 단결권(조직강제권)이 충돌하게 되나, 근로자에게 보장되는 적극적 단결권이 단결하지 아니할 자유보다 특별한 의미를 갖고 있고, 노동조합의 조직강제권도 이른바 자유권을 수정하는 의미의 생존권(사회권)적 성격을 함께 가지는 만큼 근로자 개인의 자유권에 비하여 보다 특별한 가치로 보장되는 점 등을 고려하면, 노동조합의 적극적 단결권은 근로자 개인의 단결하지 않을 자유보다 중시된다고 할 것이고, 또 노동조합에게 위와 같은 조직강제권을 부여한다고 하여 이를 근로자의 단결하지 아니할 자유의 본질적인 내용을 침해하는 것으로 단정할 수는 없다(헌재 1999. 11. 25. 98헌마141).

25 신체의 자유에 대한 설명으로 옳지 않은 것은? (다툼이 있는 경우 헌법재판소 결정에 의함)

① 성폭력범죄를 저지른 성도착증 환자로서 재범의 위험성이 인정되는 19세 이상의 사람에 대해 법원이 15년의 범위에서 치료명령을 선고할 수 있도록 한 법률규정은, 장기형이 선고되는 경우 치료명령의 선고시점과 집행시점 사이에 상당한 시간적 간극이 있어 집행시점에서 발생할 수 있는 불필요한 치료와 관련한 부분에 대해서는 침해의 최소성과 법익균형성이 인정되지 않기 때문에 피치료자의 신체의 자유를 침해한다.

② 강제퇴거명령을 받은 사람을 즉시 대한민국 밖으로 송환할 수 없으면 송환할 수 있을 때까지 보호시설에 보호할 수 있도록 하는 법률규정은, 보호의 상한을 설정하지 않아 장기 혹은 무기한의 구금을 가능하게 하므로 과잉금지원칙에 위배되어 신체의 자유를 침해한다.

③ 금치의 징벌을 받은 수용자에 대해 금치기간 중 실외운동을 원칙적으로 제한하고 예외적으로 실외운동을 허용하는 경우에도 실외운동의 기회가 부여되어야 하는 최저기준을 명시하지 않고 있는 규정은, 실외운동은 구금되어 있는 수용자의 신체적 · 정신적 건강을 유지하기 위한 최소한의 기본적 요청이고, 수용자의 건강 유지는 교정교화와 건전한 사회복귀라는 형 집행의 근본적 목표를 달성하는 데 필수적이므로 침해의 최소성 원칙에 위배되어 신체의 자유를 침해한다.

④ 관광진흥개발기금 관리 · 운용업무에 종사토록 하기 위해 문화체육관광부장관에 의해 채용된 민간 전문가에 대해 「형법」상 뇌물죄의 적용에 있어서 공무원으로 의제하는 법률 규정은, 민간 전문가를 모든 영역에서 공무원으로 의제하는 것이 아니라 직무의 불가매수성을 담보한다는 요청에 의해 금품수수행위 등 직무 관련 비리행위를 엄격히 처벌하기 위해 뇌물죄의 적용에 대하여만 공무원으로 의제하고 있으므로 과잉금지원칙에 위배되어 신체의 자유를 침해한다고 볼 수 없다.

25 ②

나노해설

① [O] 다만 장기형이 선고되는 경우 치료명령의 선고시점과 집행시점 사이에 상당한 시간적 간극이 있어 집행시점에서 발생할 수 있는 불필요한 치료와 관련한 부분에 대해서는 침해의 최소성과 법익균형성을 인정하기 어렵다. 따라서 이 사건 청구조항은 과잉금지원칙에 위배되지 아니하나, 이 사건 명령조항은 집행 시점에서 불필요한 치료를 막을 수 있는 절차가 마련되어 있지 않은 점으로 인하여 과잉금지원칙에 위배되어 치료명령 피청구인의 신체의 자유 등 기본권을 침해한다(헌재 2015. 12. 23. 선고 2013헌가9).

② [X] 강제퇴거대상자들이 보호해제 된 후 잠적할 경우 강제퇴거명령의 집행이 현저히 어려워질 수 있고, 그들이 범죄에 연루되거나 범죄의 대상이 될 수도 있다. 강제퇴거대상자는 강제퇴거명령을 집행할 수 있을 때까지 일시적·잠정적으로 신체의 자유를 제한받는 것이며, 보호의 일시해제, 이의신청, 행정소송 및 집행정지 등 강제퇴거대상자가 보호에서 해제될 수 있는 다양한 제도가 마련되어 있다. 따라서 심판대상조항은 침해의 최소성 및 법익의 균형성 요건도 충족한다. 그러므로 심판대상조항은 과잉금지원칙에 위배되어 신체의 자유를 침해하지 아니한다(2018. 2. 22. 선고 2017헌가29).

③ [O] 금치 수형자에 대하여 일체의 운동을 금지하는 것은 수형자의 신체적 건강뿐만 아니라 정신적 건강을 해칠 위험성이 현저히 높다. 따라서 금치 처분을 받은 수형자에 대한 절대적인 운동의 금지는 징벌의 목적을 고려하더라도 그 수단과 방법에 있어서 필요한 최소한도의 범위를 벗어난 것으로서, 수형자의 헌법 제10조의 인간의 존엄과 가치 및 신체의 안전성이 훼손당하지 아니할 자유를 포함하는 제12조의 신체의 자유를 침해하는 정도에 이르렀다고 판단된다(헌재 2004. 12. 16. 선고 2002헌마478).

④ [O] 위 조항은 민간 전문가를 모든 영역에서 공무원으로 의제하는 것이 아니라 직무의 불가매수성을 담보한다는 요청에 의해 금품수수행위 등 직무 관련 비리행위를 엄격히 처벌하기 위해 형법 제129조 등의 적용에 대하여만 공무원으로 의제하고 있으므로 입법목적 달성에 필요한 정도를 넘어선 과잉형벌이라고 할 수 없고, 신체의 자유 등 헌법상 기본권 제한의 정도가 달성하려는 공익에 비하여 중하다고 할 수 없다(헌재[전] 2014. 7. 24. 선고 2012헌바188).

01 조약과 일반적으로 승인된 국제법규에 대한 설명으로 옳지 않은 것은? (다툼이 있는 경우 판례에 의함)

① 전 세계적으로 양심적 병역거부권의 보장에 관한 국제관습법이 형성되었다고 할 수 없어 양심적 병역거부가 일반적으로 승인된 국제법규로서 우리나라에 수용될 수는 없다.

② 법률적 효력을 갖는 조약은 헌법재판소의 위헌법률심판의 대상이 될 수 있다.

③ 주권의 제약에 관한 조약은 체결할 수 없다.

④ 조약안은 국무회의의 심의를 거쳐야 한다.

02 교육기본권에 대한 설명으로 옳지 않은 것은? (다툼이 있는 경우 판례에 의함)

① 헌법은 초등교육과 중등교육을 의무교육으로 실시하도록 명문으로 규정하고 있다.

② 국·공립학교처럼 사립학교에도 학교운영위원회를 의무적으로 설치하도록 한 것은 현저히 자의적이거나 비합리적으로 사립학교의 공공성만을 강조하고 사립학교의 자율성을 제한한 것이라 보기 어렵다.

③ 개발사업지역에서 100세대 규모 이상의 주택건설용 토지를 조성·개발하거나 공동주택을 건설하는 사업자에 대하여 학교용지부담금을 부과하는 것은 헌법상 의무교육의 무상원칙에 위배되지 않는다.

④ 학교교육에 있어서 교사의 가르치는 권리를 수업권이라고 한다면 그것은 자연법적으로는 학부모에게 속하는 자녀에 대한 교육권을 신탁받은 것이고, 실정법상으로는 공교육의 책임이 있는 국가의 위임에 의한 것이다.

01 ③

① [O] 우리나라가 1990. 4. 10. '가입한 시민적 · 정치적 권리에 관한 국제규약(International Covenant on Civil and Political Rights)'에 따라 바로 양심적 병역거부권이 인정되거나 양심적 병역거부에 관한 법적인 구속력이 발생한다고 보기 곤란하고, 양심적 병역거부권을 명문으로 인정한 국제인권조약은 아직까지 존재하지 않으며, 유럽 등의 일부국가에서 양심적 병역거부권이 보장된다고 하더라도 전 세계적으로 양심적 병역거부권의 보장에 관한 국제관습법이 형성되었다고 할 수 없어 <u>양심적 병역거부가 일반적으로 승인된 국제법규로서 우리나라에 수용될 수는 없으므로</u>, 이 사건 법률조항에 의하여 양심적 병역거부자를 형사처벌한다고 하더라도 국제법 존중의 원칙을 선언하고 있는 헌법 제6조 제1항에 위반된다고 할 수 없다(헌재[전] 2011. 8. 30. 2008헌가22).

② [O] 헌법 제111조 제1항 제1호, 제5호 및 헌법재판소법 제41조 제1항, 제68조 제2항에 의하면 위헌심판의 대상을 '법률'이라고 규정하고 있는데, 여기서 '법률'이라고 함은 국회의 의결을 거친 이른바 형식적 의미의 <u>법률뿐만 아니라 법률과 동일한 효력을 갖는 조약 등도 포함된다</u>(헌재 1995. 12. 28. 95헌바3).

③ [X] 헌법 제60조

① 국회는 상호원조 또는 안전보장에 관한 조약, 중요한 국제조직에 관한 조약, 우호통상항해조약, <u>주권의 제약에 관한 조약</u>, 강화조약, 국가나 국민에게 중대한 재정적 부담을 지우는 조약 또는 입법사항에 관한 조약의 체결 · 비준에 대한 동의권을 가진다.

④ [O] 헌법 제89조 … 다음 사항은 국무회의의 심의를 거쳐야 한다.

3. 헌법개정안 · 국민투표안 · <u>조약안</u> · 법률안 및 대통령령안

02 ①

① [X] 헌법 제31조

② 모든 국민은 그 보호하는 자녀에게 적어도 <u>초등교육과 법률이 정하는 교육을 받게 할 의무</u>를 진다.

② [O] 일반적으로 학부모가 미성년자인 학생의 교육과정에 참여할 당위성은 부정할 수 없으므로, 입법자가 학부모의 집단적인 교육참여권을 법률로써 인정하는 것은 헌법상 당연히 허용된다. 그렇다면 사립학교에도 국 · 공립학교처럼 의무적으로 운영위원회를 두도록 할 것인지 여부는 입법자의 정책문제에 속하고, 그 입법취지 및 학교운영위원회의 구성과 성격 등을 볼 때, <u>사립학교 학교운영위원회제도가 현저히 자의적이거나 비합리적으로 사립학교의 공공성만을 강조하고 사립학교의 자율성을 제한한 것이라 보기 어렵다</u>(헌재[전] 2001. 11. 29. 2000헌마278).

③ [O] 의무교육의 무상성에 관한 헌법상 규정은 교육을 받을 권리를 보다 실효성 있게 보장하기 위해 의무교육 비용을 학령아동 보호자의 부담으로부터 공동체 전체의 부담으로 이전하라는 명령일 뿐 의무교육의 모든 비용을 조세로 해결해야 함을 의미하는 것은 아니므로, <u>학교용지부담금의 부과대상을 수분양자가 아닌 개발사업자로 정하고 있는 이 사건 법률조항은 의무교육의 무상원칙에 위배되지 아니한다</u>(헌재[전] 2008. 9. 25. 2007헌가1).

④ [O] 학교교육에 있어서 교사의 가르치는 권리를 수업권이라고 한다면 그것은 자연법적으로는 학부모에게 속하는 자녀에 대한 교육권을 신탁받은 것이고, 실정법상으로는 공교육의 책임이 있는 국가의 위임에 의한 것이다(헌재[전]1992. 11. 12. 89헌마88).

03 재산권에 대한 설명으로 옳지 않은 것은? (다툼이 있는 경우 판례에 의함)

① 재산권의 행사는 공공복리에 적합하도록 하여야 하며, 국가안전보장·질서유지·공공복리를 위하여 제한될 수 있다.

② 공공필요에 의한 재산권의 수용·사용 또는 제한 및 그에 대한 보상은 법률로써 하되, 상당한 보상을 지급하여야 한다.

③ 토지는 국민경제의 관점에서나 그 사회적 기능에 있어서 다른 재산권과 같게 다루어야 할 성질의 것이 아니어서 다른 재산권에 비하여 보다 강하게 공동체의 이익을 관철할 것이 요구된다.

④ 헌법상 보장하고 있는 재산권은 경제적 가치가 있는 모든 공법상·사법상의 권리를 뜻한다.

04 입법절차에 대한 설명으로 옳지 않은 것은?

① 국회의원 10인 이상, 정부 또는 국회 상임위원회는 법률안을 제출할 수 있다.

② 국회의장이 특별한 사유로 각 교섭단체대표의원과의 협의를 거쳐 정한 경우를 제외하고, 본회의는 위원회가 법률안에 대한 심사를 마치고 국회의장에게 그 보고서를 제출한 후 1일을 경과하지 아니한 때에는 이를 의사일정으로 상정할 수 없다.

③ 대통령이 법률안의 일부에 대하여 수정하여 국회에 재의를 요구할 때에는 이의서를 붙여 국회에 환부하여야 한다.

④ 정부가 법률안을 제출하고자 하는 경우, 그 법률안은 국무회의의 심의를 거쳐야 한다.

03 ②

① [O] • 헌법 제23조

② 재산권의 행사는 공공복리에 적합하도록 하여야 한다.

• 헌법 제37조

② 국민의 <u>모든 자유와 권리는 국가안전보장·질서유지 또는 공공복리를 위하여 필요한 경우에 한하여 법률로써 제한할 수 있으며,</u> 제한하는 경우에도 자유와 권리의 본질적인 내용을 침해할 수 없다.

② [X] 헌법 제23조

③ 공공필요에 의한 재산권의 수용·사용 또는 제한 및 그에 대한 보상은 법률로써 하되, <u>정당한</u> 보상을 지급하여야 한다.

③ [O] 토지는 국민경제의 관점에서나 그 사회적 기능에 있어서 다른 재산권과 같게 다루어야 할 성질의 것이 아니므로 다른 재산권에 비하여 보다 강하게 공동체의 이익을 관철할 것이 요구된다(헌재[전] 1999. 10. 21. 97헌바26).

④ [O] 헌법이 보장하고 있는 재산권은 경제적 가치가 있는 모든 공법상·사법상의 권리를 뜻한다(헌재 1992. 6. 26. 90헌바26)

04 ③

① [O] • 헌법 제52조 ⋯ 국회의원과 정부는 법률안을 제출할 수 있다.

• 국회법 제79조(의안의 발의 또는 제출)

① 의원은 10명 이상의 찬성으로 의안을 발의할 수 있다.

② [O] 국회법 제93조의2(법률안의 본회의 상정시기) ⋯ 본회의는 위원회가 법률안에 대한 심사를 마치고 의장에게 그 보고서를 제출한 후 1일이 지나지 아니하였을 때에는 그 법률안을 의사일정으로 상정할 수 없다. 다만, 의장이 특별한 사유로 각 교섭단체 대표의원과의 협의를 거쳐 이를 정한 경우에는 그러하지 아니하다.

③ [X] 헌법 제53조

③ 대통령은 법률안의 일부에 대하여 또는 법률안을 수정하여 재의를 요구할 수 없다.

④ [O] 헌법 제89조 ⋯ 다음 사항은 국무회의의 심의를 거쳐야 한다.

3. 헌법개정안·국민투표안·조약안·법률안 및 대통령령안

05 선거제도에 대한 설명으로 옳은 것은?

① 선거연령을 20세에서 19세로 낮춘 것은 헌법재판소의 위헌결정에 따른 것이다.

② 국회의원선거와 지방의회의원선거에서는 비례대표제를 채택하고 있다.

③ 25세 이상의 국민은 대통령선거와 국회의원선거에서 피선거권이 있다.

④ 비례대표지방의회의원선거에 있어서는 당해 선거구 선거관리위원회가 유효투표총수의 100분의 3 이상을 득표한 각 정당을 의석할당정당으로 확정한다.

06 영장제도에 대한 설명으로 옳지 않은 것은? (다툼이 있는 경우 판례에 의함)

① 주거에 대한 압수나 수색을 할 때에는 검사의 신청에 의하여 법관이 발부한 영장을 제시하여야 한다.

② 현행범인인 경우와 장기 3년 이상의 형에 해당하는 죄를 범하고 도피 또는 증거인멸의 염려가 있을 때에는 사후에 영장을 청구할 수 있다.

③ 영장주의는 구속의 개시시점에 한하여 법관의 판단에 의하여 결정되어야 한다는 것을 의미하고, 구속영장의 효력을 계속 유지할 것인지 여부와는 관련이 없다.

④ 공판단계에서는 검사의 신청이 없더라도 법관이 직권으로 영장을 발부할 수 있다.

05 ②

① [X] 선거권과 공무담임권의 연령을 어떻게 규정할 것인가는 입법자가 입법목적 달성을 위한 선택의 문제이고 입법자가 선택한 수단이 현저하게 불합리하고 불공정한 것이 아닌 한 재량에 속하는 것인바, 선거권연령을 공무담임권의 연령인 18세와 달리 20세로 규정한 것은 청구인들이 주장하는 사정을 감안하더라도 <u>입법부에 주어진 합리적인 재량의 범위를 벗어난 것으로 볼 수 없다는 것이다</u>(헌재[전] 2003. 11. 27. 2002헌마787).

② [O] 공직선거법 제20조(선거구)
   ① 대통령 및 비례대표국회의원은 전국을 단위로 하여 선거한다.
   ② 비례대표시·도의원은 당해 시·도를 단위로 선거하며, 비례대표자치구·시·군의원은 당해 자치구·시·군을 단위로 선거한다.

③ [X] 헌법 제67조
   ④ 대통령으로 선거될 수 있는 자는 국회의원의 피선거권이 있고 선거일 현재 40세에 달하여야 한다.

④ [X] 공직선거법 제190조의2(비례대표지방의회의원당선인의 결정·공고·통지)
   ① 비례대표지방의회의원선거에 있어서는 당해 선거구선거관리위원회가 <u>유효투표총수의 100분의 5 이상을 득표한</u> 각 정당에 대하여 ……

06 ③

① [O] 헌법 제16조 … 모든 국민은 주거의 자유를 침해받지 아니한다. 주거에 대한 압수나 수색을 할 때에는 검사의 신청에 의하여 법관이 발부한 영장을 제시하여야 한다.

② [O] 헌법 제12조
   ③ 체포·구속·압수 또는 수색을 할 때에는 적법한 절차에 따라 검사의 신청에 의하여 법관이 발부한 영장을 제시하여야 한다. 다만, 현행범인인 경우와 장기 3년 이상의 형에 해당하는 죄를 범하고 도피 또는 증거인멸의 염려가 있을 때에는 사후에 영장을 청구할 수 있다.

③ [X] 헌법 제12조 제3항에 규정된 영장주의는 <u>구속의 개시시점에 한하지 않고 구속영장의 효력을 계속 유지할 것인지 아니면 취소 또는 실효시킬 것인지의 여부도</u> 사법권독립의 원칙에 의하여 신분이 보장되고 있는 법관의 판단에 의하여 결정되어야 한다는 것을 의미하고, 따라서 형사소송법 제331조 단서 규정과 같이 구속영장의 실효 여부를 검사의 의견에 좌우되도록 하는 것은 헌법상의 적법절차의 원칙에 위배된다(헌재[전] 1992. 12. 24. 92헌가8).

④ [O] 헌법 제12조 제3항이 영장의 발부에 관하여 "검사의 신청"에 의할 것을 규정한 취지는 모든 영장의 발부에 검사의 신청이 필요하다는 데에 있는 것이 아니라 수사단계에서 영장의 발부를 신청할 수 있는 자를 검사로 한정함으로써 검사 아닌 다른 수사기관의 영장신청에서 오는 인권유린의 폐해를 방지하고자 함에 있으므로, <u>공판단계에서 법원이 직권에 의하여 구속영장을 발부할 수 있음을 규정한 형사소송법 제70조 제1항 및 제73조 제1항 중 "피고인을 …… 구인 또는 구금함에는 구속영장을 발부하여야 한다."</u> 부분은 헌법 제12조 제3항에 위반되지 아니한다(헌재[전] 1997. 3. 27. 96헌바28).

07 대통령에 대한 설명으로 옳은 것은?

① 대통령후보자가 1인일 때에는 그 득표수가 유효투표 총수의 3분의 1 이상이 아니면 대통령으로 당선될 수 없다.

② 헌법은 대통령의 임기가 만료되는 때에는 임기만료 70일 내지 40일 전에 후임자를 선거하도록 하고 있다.

③ 대통령은 헌법재판소 재판관, 대법관 및 감사위원을 임명할 때는 국회의 동의를 얻어야 한다.

④ 국가안전보장에 관련되는 대외정책 · 군사정책과 국내정책의 수립에 관하여 국무회의의 심의에 앞서 대통령의 자문에 응하기 위하여 국가안전보장회의를 두며, 국가안전보장회의는 국무총리가 주재한다.

08 지방자치에 대한 설명으로 옳은 것은? (다툼이 있는 경우 판례에 의함)

① 지방자치단체를 폐지하거나 설치하거나 나누거나 합칠 때에는 법률로 정한다.

② 주민은 그 지방자치단체의 장, 지역구 지방의회의원 및 비례대표 지방의회의원을 소환할 권리를 가진다.

③ 감사원이 지방자치단체를 상대로 감사를 하면서 위임사무뿐만 아니라 자치사무에 대하여도 합법성 감사와 합목적성 감사까지 하는 것은 지방자치권의 본질적 내용을 침해한다.

④ 지방자치단체의 장이 그 직을 가지고 그 지방자치단체의 장 선거에 입후보하더라도 선거일까지 그 지방자치단체의 장의 권한을 그대로 행사한다.

07 ②

① [X] 헌법 제67조

　　③ 대통령후보자가 1인일 때에는 그 득표수가 <u>선거권자 총수의 3분의 1 이상</u>이 아니면 대통령으로 당선될 수 없다.

② [O] 헌법 제68조

　　① 대통령의 임기가 만료되는 때에는 임기만료 70일 내지 40일전에 후임자를 선거한다.

③ [X] 헌법 제98조

　　③ <u>감사위원은 원장의 제청으로 대통령이 임명하고, 그 임기는 4년으로 하며, 1차에 한하여 중임할 수 있다.</u>

④ [X] 헌법 제91조

　　② 국가안전보장회의는 대통령이 주재한다.

08 ①

① [O] 지방자치법 제4조(지방자치단체의 명칭과 구역)

　　① 지방자치단체의 명칭과 구역은 종전과 같이 하고, <u>명칭과 구역을 바꾸거나 지방자치단체를 폐지하거나 설치하거나 나누거나 합칠 때에는 법률로 정한다.</u> 다만, 지방자치단체의 관할 구역 경계변경과 한자 명칭의 변경은 대통령령으로 정한다.

② [X] 주민소환에 관한 법률 제7조(<u>주민소환투표의 청구</u>)

　　① 전년도 12월 31일 현재 주민등록표 및 외국인등록표에 등록된 제3조 제1항 제1호 및 제2호에 해당하는 자(이하 "주민소환투표청구권자"라 한다)는 해당 지방자치단체의 장 및 지방의회의원(<u>비례대표선거구시·도의회의원 및 비례대표선거구자치구·시·군의회의원은 제외하며</u>, 이하 "선출직 지방공직자"라 한다)에 대하여 다음 각 호에 해당하는 주민의 서명으로 그 소환사유를 서면에 구체적으로 명시하여 관할선거관리위원회에 주민소환투표의 실시를 청구할 수 있다.

③ [X] 헌법이 감사원을 독립된 외부감사기관으로 정하고 있는 취지, 중앙정부와 지방자치단체는 서로 행정기능과 행정책임을 분담하면서 중앙행정의 효율성과 지방행정의 자주성을 조화시켜 국민과 주민의 복리증진이라는 공동목표를 추구하는 협력관계에 있다는 점을 고려하면 지방자치단체의 자치사무에 대한 합목적성 감사의 근거가 되는 이 사건 관련 규정은 그 목적의 정당성과 합리성을 인정할 수 있다(헌재[전] 2008. 5. 29. 2005헌라3).

④ [X] 공직선거법 제86조(공무원 등의 선거에 영향을 미치는 행위금지)

　　⑤ 지방자치단체의 장(소속 공무원을 포함한다)은 다음 각 호의 어느 하나에 해당하는 경우를 제외하고는 지방자치단체의 사업계획·추진실적 그 밖에 지방자치단체의 활동상황을 알리기 위한 홍보물(홍보지·소식지·간행물·시설물·녹음물·녹화물 그 밖의 홍보물 및 신문·방송을 이용하여 행하는 경우를 포함한다)을 분기별로 1종 1회를 초과하여 발행·배부 또는 방송하여서는 아니되며 당해 지방자치단체의 장의 선거의 선거일전 180일(보궐선거 등에 있어서는 그 선거의 실시사유가 확정된 때)부터 선거일까지는 홍보물을 발행·배부 또는 방송할 수 없다.

09 헌법 전문(前文)의 내용으로 옳지 않은 것만을 모두 고른 것은?

> 유구한 역사와 전통에 빛나는 우리 ㉠ 대한민국은 3·1운동으로 건립된 대한민국임시정부
> 의 법통과 불의에 항거한 4·19민주이념을 계승하고, … (중략) …, 자유와 권리에 따르
> 는 책임과 의무를 완수하게 하여, 안으로는 국민생활의 균등한 향상을 기하고 밖으로는
> 항구적인 세계평화와 인류공영에 이바지함으로써 우리들과 우리들의 자손의 안전과 자유
> 와 행복을 영원히 확보할 것을 다짐하면서 ㉡ 1947년 7월 12일에 제정되고 ㉢ 9차에 걸
> 쳐 개정된 헌법을 이제 국회의 의결을 거쳐 국민투표에 의하여 개정한다.
>
> 1987년 10월 29일

① ㉠, ㉡

② ㉠, ㉢

③ ㉡, ㉢

④ ㉠, ㉡, ㉢

10 예산과 결산에 대한 설명으로 옳은 것은?

① 예비비는 항목별로 국회의 의결을 얻어야 하며, 예비비의 지출은 사전에 국회의 동의를 얻어야
   한다.

② 국회의원과 정부가 국회에 예산안을 제출할 수 있으며, 정부가 제출하는 예산안은 국무회의의 심
   의사항이다.

③ 새로운 회계연도가 개시될 때까지 예산안이 의결되지 못한 경우, 정부는 국회에서 예산안이 의결
   될 때까지 법률상 지출 의무를 위한 경비를 아직 의결되지 못한 예산안에 따라 집행할 수 있다.

④ 국회는 정부의 동의없이 정부가 제출한 지출예산 각항의 금액을 증가하거나 새 비목을 설치할 수
   없다.

09 ④

 나노해설

유구한 역사와 전통에 빛나는 우리 ㉠ 대한국민은 3 · 1운동으로 건립된 대한민국임시정부의 법통과 불의에 항거한 4 · 19 민주이념을 계승하고, …… 우리들의 자손의 안전과 자유와 행복을 영원히 확보할 것을 다짐하면서 ㉡ 1948년 7월 12일 에 제정되고 ㉢ 8차에 걸쳐 개정된 헌법을 이제 국회의 의결을 거쳐 국민투표에 의하여 개정한다.

10 ④

 나노해설

① [X] 헌법 제55조
　② 예비비는 총액으로 국회의 의결을 얻어야 한다. 예비비의 지출은 차기국회의 승인을 얻어야 한다.
② [X] 헌법 제54조
　① 국회는 국가의 예산안을 심의 · 확정한다.
　② 정부는 회계연도마다 예산안을 편성하여 회계연도 개시 90일 전까지 국회에 제출하고, 국회는 회계연도 개시 30
　　일 전까지 이를 의결하여야 한다.
③ [X] 헌법 제54조
　③ 새로운 회계연도가 개시될 때까지 예산안이 의결되지 못한 때에는 정부는 국회에서 예산안이 의결될 때까지 다
　　음의 목적을 위한 경비는 전년도 예산에 준하여 집행할 수 있다.
　　2. 법률상 지출의무의 이행
④ [O] 헌법 제57조 … 국회는 정부의 동의없이 정부가 제출한 지출예산 각항의 금액을 증가하거나 새 비목을 설치할 수 없다.

11 국민에 대한 설명으로 옳지 않은 것은? (다툼이 있는 경우 판례에 의함)

① 부모가 모두 분명하지 아니한 경우 대한민국에서 출생한 자는 출생과 동시에 대한민국 국적을 취득한다.

② 일반적으로 외국인인 개인이 특정한 국가의 국적을 선택할 권리가 자연권으로서 또는 우리 헌법상 당연히 인정된다고는 할 수 없다.

③ 국적은 국가의 생성과 더불어 발생하지만, 국가의 소멸이 바로 국적의 상실 사유가 되는 것은 아니다.

④ 대한민국 국민이 자진하여 외국 국적을 취득한 경우 대한민국 국적을 상실하도록 하는 것은 거주·이전의 자유 및 행복추구권을 침해하지 않는다.

12 헌법 제107조 제2항에 근거하여 법원이 갖는 명령·규칙의 위헌·위법심사권에 대한 설명으로 옳지 않은 것은?

① 이 제도는 구체적 규범통제로 볼 수 있다.

② 각급 법원은 위헌·위법심사권을 행사할 수 없다.

③ 대법원이 최종적으로 심사할 권한을 가진다.

④ 대법원은 명령 또는 규칙이 법률에 위반된다고 인정하는 경우 대법관 전원의 3분의 2 이상의 합의체에서 심판권을 행사한다.

11 ③

① [O] 국적법 제2조(출생에 의한 국적 취득)

① 다음 각 호의 어느 하나에 해당하는 자는 출생과 동시에 대한민국 국적을 취득한다.

3. 부모가 모두 분명하지 아니한 경우나 국적이 없는 경우에는 대한민국에서 출생한 자

② [O] 일반적으로 외국인이 특정한 국가의 국적을 선택할 권리가 자연권으로서 또는 우리 헌법상 당연히 인정될 수는 없는 것이다(헌재 2006. 3. 30. 2003헌마806).

③ [X] 국적은 국가와 그의 구성원 간의 법적유대이고 보호와 복종관계를 뜻하므로 이를 분리하여 생각할 수 없다. 즉 국적은 국가의 생성과 더불어 발생하고 국가의 소멸은 바로 국적의 상실 사유인 것이다(헌재[전]2000. 8. 31. 97헌가12).

④ [O] 국적에 관한 사항은 당해 국가가 역사적 전통과 정치 · 경제 · 사회 · 문화 등 제반사정을 고려하여 결정할 문제인바, 자발적으로 외국 국적을 취득한 자에게 대한민국 국적도 함께 보유할 수 있게 허용한다면, 출입국 · 체류관리가 어려워질 수 있고, 각 나라에서 권리만 행사하고 병역 · 납세와 같은 의무는 기피하는 등 복수국적을 악용할 우려가 있는 등의 문제가 발생할 여지도 있다. 따라서 대한민국 국민이 자진하여 외국 국적을 취득한 경우 대한민국 국적을 상실하도록 한 국적법 제15조 제1항이 대한민국 국민인 청구인의 거주 · 이전의 자유 및 행복추구권을 침해한다고 볼 수 없다(헌재[전] 2014. 6. 26. 2011헌마502).

12 ②

① [O] 헌법 제107조 제2항의 규정에 따르면 행정입법의 심사는 일반적인 재판절차에 의하여 구체적 규범통제의 방법에 의하도록 명시하고 있으므로, 당사자는 구체적 사건의 심판을 위한 선결문제로서 행정입법의 위법성을 주장하여 법원에 대하여 당해 사건에 대한 적용 여부의 판단을 구할 수 있을 뿐 행정입법 자체의 합법성의 심사를 목적으로 하는 독립한 신청을 제기할 수는 없다(대판 1994. 4. 26. 93부32).

② [X] 헌법 제107조 제2항은 명령 · 규칙 또는 처분이 헌법이나 법률에 위반되는 여부가 재판의 전제가 된 경우에는 대법원은 이를 최종적으로 심사할 권한을 가진다고 규정하고 있는데, 이는 명령 · 규칙 · 처분의 위헌 여부가 재판의 전제문제로 된 경우에는 각급법원이 헌법재판소에 명령 · 규칙 · 처분의 위헌 여부에 대한 심판을 제청할 필요 없이 재판을 위하여 필요한 사항을 스스로 판단할 수 있고 최고법원인 대법원(헌법 제101조 제2항)이 최종적으로 판단할 수 있다는 의미이고……(재판관 조대현의 반대의견 헌재[전]2010. 4. 29. 2003헌마283).

③ [O] 헌법 제107조

② 명령 · 규칙 또는 처분이 헌법이나 법률에 위반되는 여부가 재판의 전제가 된 경우에는 대법원은 이를 최종적으로 심사할 권한을 가진다.

④ [O] 법원조직법 제7조(심판권의 행사)

① 대법원의 심판권은 대법관 전원의 3분의 2 이상의 합의체에서 행사하며, 대법원장이 재판장이 된다. (중략)

2. 명령 또는 규칙이 법률에 위반된다고 인정하는 경우

13 헌법재판소와 대법원의 구성에 대한 설명으로 옳지 않은 것은?

① 헌법재판소장과 대법원장은 모두 국회의 동의를 얻어 대통령이 임명한다.

② 대법관의 수를 개정하기 위해서는 법률개정으로 가능하나, 헌법재판소 재판관의 수를 개정하기 위해서는 헌법을 개정하여야 한다.

③ 대법관을 역임한 자는 헌법재판소 재판관이 될 수는 있으나, 헌법재판소 재판관을 역임한 자가 대법관이 되는 것은 불가능하다.

④ 헌법재판소 재판관과 대법관은 법률이 정하는 바에 의하여 연임할 수 있다.

14 헌법소원에 대한 설명으로 옳지 않은 것은?

① 「헌법재판소법」 제68조 제2항에 따른 헌법소원심판은 위헌 여부 심판의 제청신청을 기각하는 결정을 통지받은 날부터 60일 이내에 청구하여야 한다.

② 헌법재판소는 공익상 필요하다고 인정할 때에는 국선대리인을 선임할 수 있다.

③ 헌법재판소장은 헌법재판소에 재판관 3명으로 구성되는 지정 재판부를 두어 헌법소원심판의 사전심사를 담당하게 할 수 있다.

④ 「헌법재판소법」 제68조 제1항에 따른 헌법소원을 인용할 때, 헌법재판소는 공권력의 행사 또는 불행사가 위헌인 법률 또는 법률의 조항에 기인한 것이라고 인정될 때에는 인용결정에서 해당 법률 또는 법률의 조항이 위헌임을 선고할 수 있다.

13 ③

① [O] • 헌법 제104조 ① 대법원장은 국회의 동의를 얻어 대통령이 임명한다.
   • 헌법 제111조 ④ 헌법재판소의 장은 국회의 동의를 얻어 재판관중에서 대통령이 임명한다.
② [O] • 법원조직법 제4조(대법관) ② 대법관의 수는 대법원장을 포함하여 14명으로 한다.
   • 헌법 제111조 ② 헌법재판소는 법관의 자격을 가진 9인의 재판관으로 구성하며, 재판관은 대통령이 임명한다.
③ [X] 대법관의 임용자격과 헌법재판소 재판관의 임용자격에 대하여 서로를 배제하는 규정은 존재하지 않는다.
④ [O] • 헌법 제105조 ② 대법관의 임기는 6년으로 하며, 법률이 정하는 바에 의하여 연임할 수 있다.
   • 헌법 제112조 ① 헌법재판소 재판관의 임기는 6년으로 하며, 법률이 정하는 바에 의하여 연임할 수 있다.

14 ①

① [X] 헌법재판소법 제69조(청구기간)
   ① 제68조 제1항에 따른 헌법소원의 심판은 그 사유가 있음을 안 날부터 90일 이내에, 그 사유가 있는 날부터 1년
   이내에 청구하여야 한다. 다만, 다른 법률에 따른 구제절차를 거친 헌법소원의 심판은 <u>그 최종결정을 통지받은</u>
   <u>날부터 30일 이내에</u> 청구하여야 한다.
② [O] 헌법재판소법 제70조(국선대리인)
   ② 제1항에도 불구하고 헌법재판소가 공익상 필요하다고 인정할 때에는 국선대리인을 선임할 수 있다.
③ [O] 헌법재판소법 제72조(사전심사)
   ① 헌법재판소장은 헌법재판소에 재판관 3명으로 구성되는 지정재판부를 두어 헌법소원심판의 사전심사를 담당하
   게 할 수 있다.
④ [O] 헌법재판소법 제75조(인용결정)
   ⑤ 제2항의 경우에 헌법재판소는 공권력의 행사 또는 불행사가 위헌인 법률 또는 법률의 조항에 기인한 것이라고
   인정될 때에는 인용결정에서 해당 법률 또는 법률의 조항이 위헌임을 선고할 수 있다.

15 언론·출판의 자유에 대한 설명으로 옳지 않은 것은? (다툼이 있는 경우 판례에 의함)

① 상업광고는 표현의 자유의 보호영역에 속하면서 동시에 직업의 자유의 보호영역에도 속한다.

② 헌법재판소는 알 권리가 자유권적 성질과 청구권적 성질을 공유한다고 보았다.

③ 출판사 등록취소 사유로서 '저속'의 개념은 그 적용범위가 매우 광범위할 뿐만 아니라 법관의 보충적인 해석에 의한다 하더라도 그 의미내용을 확정하기 어려울 정도로 매우 추상적이어서 명확성 원칙에 위배된다.

④ 진실한 언론보도로 인하여 피해를 입은 자는 그 보도내용에 관한 반론보도를 언론사에 청구할 수 없다.

16 근로기본권에 대한 설명으로 옳지 않은 것은? (다툼이 있는 경우 판례에 의함)

① 헌법은 "법률이 정하는 주요방위산업체에 종사하는 근로자의 단결권은 법률이 정하는 바에 의하여 이를 제한하거나 인정하지 아니할 수 있다."라고 규정하고 있다.

② 합리적 이유 없이 '월급근로자로서 6개월이 되지 못한 자'를 해고예고제도의 적용대상에서 제외한 것은 근무기간이 6개월 미만인 월급근로자의 근로의 권리를 침해하고, 평등원칙에도 위배된다.

③ 헌법은 여자 및 연소자 근로의 특별한 보호와 최저임금제의 시행에 관하여 규정하고 있다.

④ 근로의 권리로부터 국가에 대한 직접적인 직장존속청구권을 도출할 수는 없다.

15 ④

① [O] 광고물도 사상·지식·정보 등을 불특정 다수인에게 전파하는 것으로서 <u>언론·출판의 자유에 의해 보호받는 대상이</u> 되므로 …… 또한 한약업사가 의약품을 판매함에 있어서 그에 관련된 정보를 <u>표시·광고하는 것은 영업활동의 중요한</u> <u>한 부분을 이루고 있으므로</u>, 광고 게재사항이 의료에 관한 내용을 포함하는 경우에 이를 형사처벌하는 이 사건 법률조항은 헌법 제15조의 직업의 자유 중 직업수행의 자유도 동시에 제한한다(헌재[전] 2014. 3. 27. 2012헌바293).

② [O] 알 권리는 표현의 자유와 표리일체의 관계에 있으며 자유권적 성질과 청구권적 성질을 공유하는 것이다. 자유권적 성질은 일반적으로 정보에 접근하고 수집·처리함에 있어서 국가권력의 방해를 받지 아니한다는 것을 말하며, 청구 권적 성질은 의사형성이나 여론형성에 필요한 정보를 적극적으로 수집할 권리 등을 의미하는 것이다(헌재 1991. 5. 13. 90헌마133).

③ [O] "음란"의 개념과는 달리 "저속"의 개념은 그 적용범위가 매우 광범위할 뿐만 아니라 법관의 보충적인 해석에 의한다 하더라도 그 의미내용을 확정하기 어려울 정도로 매우 추상적이다(헌재[전] 1998. 4. 30. 95헌가16).

④ [X] 언론중재 및 피해구제 등에 관한 법률 제16조(반론보도청구권)
　① 사실적 주장에 관한 언론보도등으로 인하여 피해를 입은 자는 그 보도 내용에 관한 반론보도를 언론사등에 청구 할 수 있다.
　② 제1항의 청구에는 언론사등의 고의·과실이나 위법성을 필요로 하지 아니하며, <u>보도 내용의 진실 여부와 상관없</u> <u>이 그 청구를 할 수 있다.</u>

16 ①

① [X] 헌법 제33조
　③ 법률이 정하는 주요방위산업체에 종사하는 근로자의 <u>단체행동권</u>은 법률이 정하는 바에 의하여 이를 제한하거나 인정하지 아니할 수 있다.

② [O] "월급근로자로서 6월이 되지 못한 자"는 대체로 기간의 정함이 없는 근로계약을 한 자들로서 근로관계의 계속성에 대한 기대가 크다고 할 것이므로, 이들에 대한 해고 역시 예기치 못한 돌발적 해고에 해당한다. 따라서 6개월 미만 근무한 월급근로자 또한 전직을 위한 시간적 여유를 갖거나 실직으로 인한 경제적 곤란으로부터 보호받아야 할 필요 성이 있다. 그럼에도 불구하고 <u>합리적 이유 없이 "월급근로자로서 6개월이 되지 못한 자"를 해고예고제도의 적용대</u> <u>상에서 제외한</u> 이 사건 법률조항은 근무기간이 6개월 미만인 월급근로자의 <u>근로의 권리를</u> 침해하고, <u>평등원칙에도</u> <u>위배된다</u>(헌재 2015. 12. 23. 2014헌바3).

③ [O] 헌법 제32조
　① 모든 국민은 근로의 권리를 가진다. 국가는 사회적·경제적 방법으로 근로자의 고용의 증진과 적정임금의 보장 에 노력하여야 하며, 법률이 정하는 바에 의하여 <u>최저임금제</u>를 시행하여야 한다.
　④ 여자의 근로는 특별한 보호를 받으며, 고용·임금 및 근로조건에 있어서 부당한 차별을 받지 아니한다.
　⑤ 연소자의 근로는 특별한 보호를 받는다.

④ [O] 헌법 제15조의 직업의 자유 또는 헌법 제32조의 근로의 권리, 사회국가원리 등에 근거하여 실업방지 및 부당한 해 고로부터 근로자를 보호하여야 할 국가의 의무를 도출할 수는 있을 것이나, 국가에 대한 직접적인 직장존속보장청구 권을 근로자에게 인정할 헌법상의 근거는 없다(헌재[전] 2002. 11. 28. 2001헌바50).

17 행정입법에 대한 설명으로 옳은 것은?

① 행정각부의 장은 소관사무에 관하여 법률이나 대통령령의 위임으로 부령을 발할 수 있으나, 직권으로 부령을 발할 수는 없다.

② 국회 상임위원회는 소관 중앙행정기관의 장이 제출한 대통령령·총리령·부령 등 행정입법이 법률의 취지 또는 내용에 합치되지 아니한다고 판단되는 경우 소관 중앙행정기관의 장에게 수정·변경을 요구할 수 있다.

③ 대통령령, 총리령 및 부령은 특별한 규정이 없으면 공포한 날부터 30일이 경과함으로써 효력을 발생한다.

④ 대통령이 대통령령을 발하기 위해서는 국무회의의 심의를 거쳐서 국무총리와 관계 국무위원이 부서한 문서로써 한다.

18 국회의원에 대한 설명으로 옳지 않은 것은? (다툼이 있는 경우 판례에 의함)

① 국무위원의 직을 겸한 국회의원은 국회 상임위원회의 위원을 사임할 수 있다.

② 국회의원의 법률안 심의·표결권은 비록 헌법에는 이에 관한 명문의 규정이 없지만, 의회민주주의의 원리 및 여러 헌법규정에 근거하여 당연히 도출되는 헌법상의 권한이다.

③ 국회의원은 자기의 징계안에 관한 본회의 또는 위원회에 출석하여 변명할 수 있으나, 다른 의원으로 하여금 변명하게 할 수는 없다.

④ 보궐선거에 의한 국회의원의 임기는 당선이 결정된 때부터 개시되며, 그 임기는 전임자의 잔임기간으로 한다.

17 ④

① [X] 헌법 제95조 ··· 국무총리 또는 행정각부의 장은 소관사무에 관하여 법률이나 대통령령의 위임 또는 <u>직권으로 총리령</u><u>또는 부령을 발할 수 있다.</u>

② [X] 국회법 제98조의2(대통령령 등의 제출 등)

④ 상임위원회는 제3항에 따른 검토 결과 대통령령 또는 총리령이 법률의 취지 또는 내용에 합치되지 아니한다고 판단되는 경우에는 검토의 경과와 처리 의견 등을 기재한 검토결과보고서를 의장에게 제출하여야 한다.

③ [X] 법령 등 공포에 관한 법률 제13조(시행일) ··· 대통령령, 총리령 및 부령은 특별한 규정이 없으면 공포한 날부터 20일 이 경과함으로써 효력을 발생한다.

④ [O] • 헌법 제82조 ··· 대통령의 국법상 행위는 문서로써 하며, 이 문서에는 국무총리와 관계 국무위원이 부서한다. 군사 에 관한 것도 또한 같다.

• 헌법 제89조 ··· 다음 사항은 국무회의의 심의를 거쳐야 한다.

3. 헌법개정안 · 국민투표안 · 조약안 · 법률안 및 <u>대통령령안</u>

18 ③

① [O] 국회법 제39조(상임위원회의 위원)

④ 국무총리 또는 국무위원의 직을 겸한 의원은 상임위원을 사임할 수 있다.

② [O] 국회의원의 법률안 심의 · 표결권은 비록 헌법에는 이에 관한 명문의 규정이 없지만 의회민주주의의 원리, 입법권을 국회에 귀속시키고 있는 헌법 제40조, 국민에 의하여 선출되는 국회의원으로 국회를 구성한다고 규정한 헌법 제41 조 제1항 및 국회의결에 관하여 규정한 헌법 제49조로부터 <u>당연히 도출되는 헌법상의 권한이고, 이러한 국회의원의</u> <u>법률안 심의 · 표결권은 헌법기관으로서의 국회의원 각자에게 모두 보장됨은 물론이다</u>(헌재 1997. 7. 16. 96헌라2).

③ [X] 국회법 제160조(변명) ··· 의원은 자기의 징계안에 관한 본회의 또는 위원회에 출석하여 변명하거나 다른 의원으로 하여금 변명하게 할 수 있다. 이 경우 의원은 변명이 끝난 후 회의장에서 퇴장하여야 한다.

④ [O] 공직선거법 제14조(임기개시)

② 국회의원과 지방의회의원(이하 이 項에서 "議員"이라 한다)의 임기는 총선거에 의한 전임의원의 임기만료일의 다 음 날부터 개시된다. 다만, 의원의 임기가 개시된 후에 실시하는 선거와 지방의회의원의 증원선거에 의한 의원 의 임기는 당선이 결정된 때부터 개시되며 전임자 또는 같은 종류의 의원의 잔임기간으로 한다.

19 헌법재판소의 심판절차에 대한 설명으로 옳은 것은?

① 위헌법률의 심판, 헌법소원에 관한 심판 및 권한쟁의의 심판은 서면심리에 의하고, 탄핵의 심판과 정당해산의 심판은 구두변론에 의한다.

② 권한쟁의심판에 있어서 재판부는 재판관 7명 이상의 출석으로 사건을 심리하고, 종국심리에 관여한 재판관 과반수의 찬성으로 사건에 관한 결정을 한다.

③ 탄핵심판에서는 국회의장이 소추위원이 된다.

④ 법률이 헌법에 위반되는지 여부가 재판의 전제가 된 경우에는 당해 사건을 담당하는 군사법원은 헌법재판소에 위헌 여부 심판을 제청할 수 없다.

20 정당에 대한 설명으로 옳지 않은 것은? (다툼이 있는 경우 판례에 의함)

① 정당설립의 자유는 비록 헌법 제8조 제1항 전단에 규정되어 있지만 국민 개인과 정당의 기본권이라 할 수 있다.

② 입법자는 정당설립의 자유를 최대한 보장하는 방향으로 입법하여야 하고, 헌법재판소는 정당설립의 자유를 제한하는 법률의 합헌성을 심사할 때에 헌법 제37조 제2항에 따라 엄격한 비례심사를 하여야 한다.

③ 정당이 그 소속 국회의원을 제명하기 위해서는 당헌이 정하는 절차를 거치는 외에 그 소속 국회의원 전원의 3분의 2 이상의 찬성이 있어야 한다.

④ 정당 소속 국회의원의 활동 중에서도 국민의 대표자의 지위가 아니라 그 정당에 속한 유력한 정치인의 지위에서 행한 활동으로서 정당과 밀접하게 관련되어 있는 행위들은 정당의 활동이 될 수 있다.

19 ②

① [X] 헌법재판소법 제30조(심리의 방식)

　① 탄핵의 심판, 정당해산의 심판 및 권한쟁의의 심판은 구두변론에 의한다.

　② 위헌법률의 심판과 헌법소원에 관한 심판은 서면심리에 의한다.(후략)

② [O] 헌법재판소법 제23조(심판정족수)

　① 재판부는 재판관 7명 이상의 출석으로 사건을 심리한다.

　② 재판부는 종국심리에 관여한 재판관 과반수의 찬성으로 사건에 관한 결정을 한다.(후략)

③ [X] 헌법재판소법 제49조(소추위원)

　① 탄핵심판에서는 국회 법제사법위원회의 위원장이 소추위원이 된다.

④ [X] 헌법재판소법 제41조(위헌 여부 심판의 제청)

　① 법률이 헌법에 위반되는지 여부가 재판의 전제가 된 경우에는 당해 사건을 담당하는 법원(군사법원을 포함한다. 이하 같다)은 직권 또는 당사자의 신청에 의한 결정으로 헌법재판소에 위헌 여부 심판을 제청한다.

20 ③

① [O] 정당설립의 자유는 비록 헌법 제8조 제1항 전단에 규정되어 있지만 국민 개인과 정당의 '기본권'이라 할 수 있고, 당연히 이를 근거로 하여 헌법소원심판을 청구할 수 있다(헌재[전] 2006. 3. 30. 2004헌마246).

② [O] 헌법 제8조 제1항은 국민 누구나가 원칙적으로 국가의 간섭을 받지 아니하고 정당을 설립할 권리를 기본권으로 보장함과 아울러 복수정당제를 제도적으로 보장하고 있다. 따라서 입법자는 정당설립의 자유를 최대한 보장하는 방향으로 입법하여야 하고, 헌법재판소는 정당설립의 자유를 제한하는 법률의 합헌성을 심사할 때에 헌법 제37조 제2항에 따라 엄격한 비례심사를 하여야 한다(헌재[전] 2014. 1. 28. 2012헌마431).

③ [X] 정당법 제33조(정당소속 국회의원의 제명) … 정당이 그 소속 국회의원을 제명하기 위해서는 당헌이 정하는 절차를 거치는 외에 그 소속 국회의원 전원의 2분의 1 이상의 찬성이 있어야 한다.

④ [O] 정당 소속의 국회의원 등은 비록 정당과 밀접한 관련성을 가지지만 헌법상으로는 정당의 대표자가 아닌 국민 전체의 대표자이므로 <u>그들의 행위를 곧바로 정당의 활동으로 귀속시킬 수는 없겠으나</u>, 가령 그들의 활동 중에서도 <u>국민의 대표자의 지위가 아니라 그 정당에 속한 유력한 정치인의 지위에서 행한 활동으로서 정당과 밀접하게 관련되어 있는 행위들은 정당의 활동이 될 수도 있을 것</u>이다(헌재[전] 2014. 12. 19. 2013헌다1).

21 감사원에 대한 설명으로 옳지 않은 것은?

① 감사원은 대통령에 소속하되 직무에 관해서는 독립의 지위를 가진다.

② 감사원장과 감사위원의 임기는 4년이며, 1차에 한하여 중임할 수 있다.

③ 감사원은 국회, 법원 및 헌법재판소에 소속된 공무원의 직무에 대해서는 직무감찰을 행하지 못한다.

④ 감사원 감사를 받는 사람이 불합리한 규제의 개선 등 공공의 이익을 위하여 업무를 적극적으로 처리한 결과에 대하여 그의 행위에 중대한 과실이 있더라도 「감사원법」에 따른 징계 요구 또는 문책 요구 등 책임을 묻지 아니한다.

22 평등권에 대한 설명으로 옳지 않은 것은? (다툼이 있는 경우 판례에 의함)

① 평등위반 여부를 심사함에 있어 엄격한 심사척도에 의할 것인지, 완화된 심사척도에 의할 것인지는 입법자에게 인정되는 입법형성권의 정도에 따라 달라진다.

② 여자는 고용에 있어서 부당한 차별을 받지 않는다고 헌법이 명시적으로 규정하고 있다.

③ 헌법은 차별금지 사유로 성별, 종교, 인종 또는 사회적 신분을 명시적으로 규정하고 있다.

④ 사회적 신분이란 사회에서 장기간 점하는 지위로서 일정한 사회적 평가를 수반하는 것을 의미한다 할 것이므로 전과자도 사회적 신분에 해당된다.

21 ④

 나노해설

① [O] 감사원법 제2조(지위)

　　① 감사원은 대통령에 소속하되, 직무에 관하여는 독립의 지위를 가진다.

② [O] 헌법 제98조

　　② 원장은 국회의 동의를 얻어 대통령이 임명하고, 그 임기는 4년으로 하며, 1차에 한하여 중임할 수 있다.

　　③ 감사위원은 원장의 제청으로 대통령이 임명하고, 그 임기는 4년으로 하며, 1차에 한하여 중임할 수 있다.

③ [O] 감사원법 제24조(감찰 사항)

　　③ 제1항의 공무원에는 국회·법원 및 헌법재판소에 소속한 공무원은 제외한다.

④ [X] 감사원법 제34조의3(적극행정에 대한 면책)

　　① 감사원 감사를 받는 사람이 불합리한 규제의 개선 등 공공의 이익을 위하여 업무를 적극적으로 처리한 결과에 대하여 <u>그의 행위에 고의나 중대한 과실이 없는 경우에는</u> 이 법에 따른 징계 요구 또는 문책 요구 등 책임을 묻지 아니한다.

22 ③

 나노해설

① [O] 평등위반 여부를 심사함에 있어 엄격한 심사척도에 의할 것인지 완화된 심사척도에 의할 것인지는 입법자에게 인정되는 입법형성권의 정도에 따라 달라진다(헌재 2002. 11. 28. 2002헌바45).

② [O] 헌법 제32조

　　④ 여자의 근로는 특별한 보호를 받으며, 고용·임금 및 근로조건에 있어서 부당한 차별을 받지 아니한다.

③ [X] 헌법 제11조

　　① 모든 국민은 법 앞에 평등하다. 누구든지 성별·종교 또는 사회적 신분에 의하여 정치적·경제적·사회적·문화적 생활의 모든 영역에 있어서 차별을 받지 아니한다.

④ [O] 헌법 제11조 제1항은 "모든 국민은 법 앞에 평등하다. 누구든지 성별·종교 또는 사회적 신분에 의하여 정치적·경제적·사회적·문화적 생활의 모든 영역에 있어서 차별을 받지 아니한다"라고 규정하고 있는바 여기서 사회적 신분이란 사회에서 장기간 점하는 지위로서 일정한 사회적 평가를 수반하는 것을 의미한다 할 것이므로 전과자도 사회적 신분에 해당된다고 할 것이다(헌재[전] 1995. 2. 23. 93헌바43)

23 국무총리에 대한 설명으로 옳지 않은 것은?

① 국무총리는 국무회의의 부의장이지만 국무위원이 아니며, 국회의원은 국무총리를 겸할 수 있다.

② 국무위원은 행정각부의 장 중에서 국무총리의 제청으로 대통령이 임명한다.

③ 국회나 그 위원회의 출석요구가 있을 때에는 국무총리는 출석·답변하여야 하며, 국무총리가 출석요구를 받은 때에는 국무위원으로 하여금 출석·답변하게 할 수 있다.

④ 대통령이 국회의 동의를 얻어 국무총리를 임명할 때, 국회 재적의원 과반수의 출석과 출석의원 과반수의 찬성을 얻어야 한다.

24 국회의 기관과 운영에 대한 설명으로 옳지 않은 것은?

① 국회의장과 부의장은 국회에서 무기명투표로 선거하되, 재적의원 과반수 출석과 출석의원 과반수의 득표로 당선된다.

② 의안에 대한 수정동의는 그 안을 갖추고 이유를 붙여 국회의원 30인 이상의 찬성자와 연서하여 미리 국회의장에게 제출하여야 하나, 예산안에 대한 수정동의는 국회의원 50인 이상의 찬성이 있어야 한다.

③ 중요한 안건으로서 국회의장의 제의 또는 국회의원의 동의로 본회의의 의결이 있거나 재적의원 5분의 1 이상의 요구가 있을 때에는 기명·호명 또는 무기명투표로 표결한다.

④ 본회의는 공개하는 것이 원칙이나, 국회의원 10인 이상의 연서에 의한 동의로 본회의의 의결이 있는 경우 공개하지 아니할 수 있다.

23 ②

① [O] 국회법 제29조(겸직 금지)

　　① 의원은 국무총리 또는 국무위원 직 외의 다른 직을 겸할 수 없다.(후략)

② [X] 헌법 제87조

　　① 국무위원은 국무총리의 제청으로 대통령이 임명한다.

③ [O] 헌법 제62조

　　② 국회나 그 위원회의 요구가 있을 때에는 국무총리·국무위원 또는 정부위원은 출석·답변하여야 하며, 국무총리 또는 국무위원이 출석요구를 받은 때에는 국무위원 또는 정부위원으로 하여금 출석·답변하게 할 수 있다.

④ [O] • 헌법 제86조

　　① 국무총리는 국회의 동의를 얻어 대통령이 임명한다.

　　• 헌법 제49조 … 국회는 헌법 또는 법률에 특별한 규정이 없는 한 재적의원 과반수의 출석과 출석의원 과반수의 찬성으로 의결한다. 가부동수인 때에는 부결된 것으로 본다.

24 ①

① [X] 국회법 제15조(의장·부의장의 선거)

　　① 의장과 부의장은 국회에서 무기명투표로 선거하고 재적의원 과반수의 득표로 당선된다.

② [O] 국회법 제95조(수정동의)

　　① 의안에 대한 수정동의는 그 안을 갖추고 이유를 붙여 30명 이상의 찬성 의원과 연서하여 미리 의장에게 제출하여야 한다. 다만, 예산안에 대한 수정동의는 의원 50명 이상의 찬성이 있어야 한다.

③ [O] 국회법 제112조(표결방법)

　　② 중요한 안건으로서 의장의 제의 또는 의원의 동의로 본회의 의결이 있거나 재적의원 5분의 1 이상의 요구가 있을 때에는 기명투표·호명투표 또는 무기명투표로 표결한다.

④ [O] 국회법 제75조(회의의 공개)

　　① 본회의는 공개한다. 다만, 의장의 제의 또는 의원 10명 이상의 연서에 의한 동의로 본회의 의결이 있거나 의장이 각 교섭단체 대표의원과 협의하여 국가의 안전보장을 위하여 필요하다고 인정할 때에는 공개하지 아니할 수 있다.

25 선거관리위원회에 대한 설명으로 옳지 않은 것은?

① 선거관리위원회의 종류에는 중앙선거관리위원회, 특별시·광역시·도선거관리위원회, 구·시·군 선거관리위원회 및 읍·면·동선거관리위원회가 있다.

② 중앙선거관리위원회는 법령에 저촉되지 아니하는 범위 안에서 내부규율에 관한 규칙을 제정할 수 있다.

③ 국회의원선거구획정위원회는 중앙선거관리위원회에 두되, 직무에 관하여 독립의 지위를 가진다.

④ 중앙선거관리위원회 위원장은 중앙선거관리위원회 회의를 소집하고, 표결권과 가부동수인 경우 결정권을 가진다.

25 ②

① [O] 선거관리위원회법 제2조(설치)

　① 선거관리위원회의 종류와 위원회별위원의 정수는 다음과 같다.

　　1. 중앙선거관리위원회 9인

　　2. 특별시·광역시·도선거관리위원회 9인

　　3. 구·시·군선거관리위원회 9인

　　4. 읍·면·동선거관리위원회 7인

② [X] 헌법 제114조

　⑥ 중앙선거관리위원회는 법령의 범위안에서 선거관리·국민투표관리 또는 정당사무에 관한 규칙을 제정할 수 있으며, <u>법률</u>에 저촉되지 아니하는 범위안에서 내부규율에 관한 규칙을 제정할 수 있다.

③ [O] 공직선거법 제24조(국회의원선거구획정위원회)

　② 국회의원선거구획정위원회는 중앙선거관리위원회에 두되, 직무에 관하여 독립의 지위를 가진다.

④ [O] • 선거관리위원회법 제11조(회의소집)

　① 각급선거관리위원회의 회의는 당해 위원장이 소집한다. (후략)

　• 동법 제10조(위원회의 의결정족수)

　② 위원장은 표결권을 가지며 가부동수인 때에는 결정권을 가진다.

01 조세법률주의에 대한 설명으로 옳지 않은 것은? (다툼이 있는 경우 판례에 의함)

① 세금의 사용에 대해 이의를 제기하거나 잘못된 사용의 중지를 요구하는 내용의 기본권은 인정되지 않는다.

② 조세법규 등 국민의 기본권을 직접적으로 제한하거나 침해할 소지가 있는 법규에서는 구체성·명확성의 요구가 강화되어 그 위임의 요건과 범위가 일반적인 급부행정법규의 경우보다 더 엄격하게 제한적으로 규정되어야 한다.

③ 조세법률주의는 납세의무를 성립시키는 납세의무자, 과세물건, 과세표준, 과세기간, 세율 등의 모든 과세요건과 조세의 부과·징수절차는 모두 국민의 대표기관인 국회가 제정한 법률로 이를 규정하여야 한다는 과세요건 법정주의를 내용으로 한다.

④ 실효된 법률조항을 유효한 것으로 해석하여 과세의 근거로 삼는 것은 관련 당사자가 공평에 반하는 이익을 얻을 가능성을 막기 위한 것으로 헌법상 권력분립원칙과 조세법률주의의 원칙에 반하지 않는다.

02 국회의 위원회에 대한 설명으로 옳지 않은 것은?

① 국회상임위원회 중 정무위원회는 국민권익위원회 소관에 속하는 사항을 관장한다.

② 교섭단체에 소속되지 않은 의원의 상임위원 선임은 국회의장이 행한다.

③ 정보위원회는 소관 사항을 분담·심사하기 위하여 상설 소위원회를 둘 수 있다.

④ 상임위원은 교섭단체 소속 의원 수의 비율에 따라 각 교섭단체 대표의원의 요청으로 의장이 선임하거나 개선한다.

01 ④

① [O] 그러나 헌법상 조세의 효율성과 타당한 사용에 대한 감시는 국회의 주요책무이자 권한으로 규정되어 있어(헌법 제54조, 제61조) 재정지출의 효율성 또는 타당성과 관련된 문제에 대한 국민의 관여는 선거를 통한 간접적이고 보충적인 것에 한정되며, 재정지출의 합리성과 타당성 판단은 재정분야의 전문성을 필요로 하는 정책판단의 영역으로서 사법적으로 심사하는 데에 어려움이 있을 수 있다. 따라서 청구인이 주장하는 재정사용의 합법성과 타당성을 감시하는 납세자의 권리를 헌법에 열거되지 않은 기본권으로 볼 수 없으므로 그에 대한 침해의 가능성 역시 인정될 수 없다(헌재[전] 2005. 11. 24. 2005헌마579).

② [O] 위임입법에 있어 위임의 구체성, 명확성의 요구 정도는 그 규율대상의 종류와 성격에 따라 달라질 것이지만 특히 처벌법규나 조세법규와 같이 국민의 기본권을 직접적으로 제한하거나 침해할 소지가 있는 법규에서는 구체성, 명확성의 요구가 강화되어 그 위임의 요건과 범위가 일반적인 급부행정의 경우보다 더 엄격하게 제한적으로 규정되어야 한다(헌재[전] 2005. 11. 24. 2005헌마579).

③ [O] 조세법률주의는 과세요건 법정주의와 과세요건 명확주의를 그 핵심적 내용으로 삼고 있다. 먼저 과세요건 법정주의라 함은 납세의무를 성립시키는 납세의무자·과세물건·과세표준·과세기간·세율 등의 과세요건과 조세의 부과·징수절차를 모두 국민의 대표기관인 국회가 제정한 법률로 규정하여야 한다는 원칙을 말한다(헌재[전] 2001. 8. 30. 99헌바90).

④ [X] 구체적 타당성을 이유로 법률에 대한 유추해석 내지 보충적 해석을 하는 것도 어디까지나 '유효한' 법률조항을 대상으로 할 수 있는 것이지 이미 '실효된' 법률조항은 그러한 해석의 대상이 될 수 없다. 따라서 관련 당사자가 공평에 반하는 이익을 얻을 가능성이 있다 하여 이미 실효된 법률조항을 유효한 것으로 해석하여 과세의 근거로 삼는 것은 과세근거의 창설을 국회가 제정하는 법률에 맡기고 있는 헌법상 권력분립원칙과 조세법률주의의 원칙에 반한다(헌재[전] 2012. 5. 31. 2009헌바123).

02 ③

① [O] 국회법 제37조(상임위원회와 그 소관)

　① 상임위원회의 종류와 소관 사항은 다음과 같다.

　　3. 정무위원회

　　　마. 국민권익위원회 소관에 속하는 사항

② [O] 국회법 제48조(위원의 선임 및 개선)

　② 어느 교섭단체에도 속하지 아니하는 의원의 상임위원 선임은 의장이 한다.

③ [X] 구 국회법에서는 정보위원회의 소위원회를 둘 수 없도록 규정하였으나, 2019. 4. 16. 개정법으로 인해 정보위원회도 소위원회를 둘 수 있게 되었다. 따라서 출제 당시에는 틀린 지문이었으나 현재는 맞는 지문이다.

　• 국회법 제57조(소위원회)

　　① 위원회는 소관 사항을 분담·심사하기 위하여 상설소위원회를 둘 수 있고, 필요한 경우 특정한 안건의 심사를 위하여 소위원회를 둘 수 있다. 이 경우 소위원회에 대하여 국회규칙으로 정하는 바에 따라 필요한 인원 및 예산 등을 지원할 수 있다.

④ [O] 국회법 제48조(위원의 선임 및 개선)

　① 상임위원은 교섭단체 소속 의원 수의 비율에 따라 각 교섭단체 대표의원의 요청으로 의장이 선임하거나 개선한다.

03 양심의 자유에 대한 설명으로 옳지 않은 것은? (다툼이 있는 경우 판례에 의함)

① 진지한 윤리적 판단과는 관계없는 음주측정요구에 응할 것인가의 고민은 양심의 자유의 보호대상이 아니다.

② 헌법에 의해 보호받는 양심은 법질서와 도덕에 부합하는 사고를 가진 다수의 양심을 의미한다.

③ 법률해석에 다른 의견이 있는 경우와 같이 개인의 인격형성과의 관련성이 거의 없는 의견은 양심의 자유의 보호대상에 속하지 않는다.

④ 양심적 결정을 외부로 표현하고 실현할 수 있는 권리인 양심 실현의 자유는 법질서에 위배되거나 타인의 권리를 침해할 수 있기 때문에 법률에 의하여 제한될 수 있다.

04 직업의 자유에 대한 설명으로 옳은 것은? (다툼이 있는 경우 판례에 의함)

① 계속성과 생활수단성을 개념표지로 하는 직업의 개념에 비추어보면 학업 수행이 본업인 대학생의 경우 방학기간을 이용하여 또는 휴학 중에 학비 등을 벌기 위해 학원강사로서 일하는 행위는 일시적인 소득활동으로서 직업의 자유의 보호영역에 속하지 않는다.

② 직업수행의 자유는 직업결정의 자유에 비하여 상대적으로 그 침해의 정도가 작다고 할 것이므로 이에 대하여는 공공복리 등 공익상의 이유로 비교적 넓은 법률상의 규제가 가능하다.

③ 소주판매업자에게 자도소주구입을 강제하는 자도소주구입명령 제도는 독과점을 방지하고, 중소기업을 보호한다는 공익적 목적달성을 위한 적합한 수단이므로 소주판매업자의 직업의 자유를 침해하지 않는다.

④ 대통령령으로 정하는 공공기관 및 공기업으로 하여금 매년 정원의 100분의 3 이상씩 34세 이하의 청년 미취업자를 채용하도록 한 이른바 '청년할당제'는 35세 이상 미취업자들의 평등권, 직업선택의 자유를 침해한다.

03 ②

① [O] 음주측정요구에 처하여 이에 응하여야 할 것인지 거부해야 할 것인지 고민에 빠질 수는 있겠으나 그러한 고민은 선과 악의 범주에 관한 진지한 윤리적 결정을 위한 고민이라 할 수 없으므로 그 고민 끝에 어쩔 수 없이 <u>음주측정에 응하였다 하여 내면적으로 구축된 인간양심이 왜곡·굴절된다고 할 수 없다.</u> 따라서 이 사건 법률조항을 두고 헌법 제19조에서 보장하는 양심의 자유를 침해하는 것이라고 할 수 없다(헌재[전] 1997. 3. 27. 선고 96헌가11).

② [X] <u>이때 '양심'은 민주적 다수의 사고나 가치관과 일치하는 것이 아니라, 개인적 현상으로서 지극히 주관적인 것이다.</u> 양심은 그 대상이나 내용 또는 동기에 의하여 판단될 수 없으며, 특히 양심상의 결정이 이성적·합리적인가, 타당한가 또는 법질서나 사회규범·도덕률과 일치하는가 하는 관점은 양심의 존재를 판단하는 기준이 될 수 없다(헌재 2004. 8. 26. 2002헌가1)

③ [O] 헌법 제19조에서 보호하는 양심은 옳고 그른 것에 대한 판단을 추구하는 가치적·도덕적 마음가짐으로, 개인의 소신에 따른 다양성이 보장되어야 하고 그 형성과 변경에 외부적 개입과 억압에 의한 강요가 있어서는 아니되는 인간의 윤리적 내심영역이다. 따라서 단순한 사실관계의 확인과 같이 가치적·윤리적 판단이 개입될 여지가 없는 경우는 물론, 법률해석에 관하여 여러 견해가 갈리는 경우처럼 <u>다소의 가치관련성을 가진다고 하더라도 개인의 인격형성과는 관계가 없는 사사로운 사유나 의견 등은 그 보호대상이 아니다</u>(헌재[전] 2002. 1. 31. 2001헌바43).

④ [O] 양심의 자유 중 양심형성의 자유는 내심에 머무르는 한 절대적으로 보호되는 기본권인 반면, <u>양심적 결정을 외부로 표현하고 실현할 수 있는 권리인 양심실현의 자유는 법질서에 위배되거나 타인의 권리를 침해할 수 있기 때문에 법률에 의하여 제한될 수 있는 상대적 자유이다</u>(헌재 1998. 7. 16. 96헌바35)

04 ②

① [X] 직업의 자유에 의한 보호의 대상이 되는 '직업'은 '생활의 기본적 수요를 충족시키기 위한 계속적 소득활동'을 의미하며 그러한 내용의 활동인 한 그 종류나 성질을 묻지 아니한다. 이러한 '직업'의 개념에 비추어 보면 비록 학업 수행이 청구인과 같은 대학생의 본업이라 하더라도 방학기간을 이용하여 또는 휴학 중에 학비 등을 벌기 위해 학원강사로서 일하는 행위는 어느 정도 계속성을 띤 소득활동으로서 직업의 자유의 보호영역에 속한다고 봄이 상당하다(헌재[전]2003. 9. 25. 2002헌마519).

② [O] 직업수행의 자유는 직업결정의 자유에 비하여 상대적으로 그 제한의 정도가 작다고 할 것이어서, <u>이에 대하여는 공공복리 등 공익상의 이유로 비교적 넓은 법률상의 규제가 가능하다.</u> 그러나 직업수행의 자유를 제한할 때에도 헌법 제37조 제2항에 의거한 비례원칙에 위배되어서는 안 된다(헌재 2017. 11. 30. 2015헌바377)

③ [X] 주세법의 구입명령제도는 전국적으로 자유경쟁을 배제한 채 지역할거주의로 자리잡게 되고 그로써 지역 독과점현상의 고착화를 초래하므로, 독과점규제란 공익을 달성하기에 적정한 조치로 보기 어렵다. …… 따라서 1도1소주제조업체의 존속유지와 지역경제의 육성간에 상관관계를 찾아볼 수 없으므로 "지역경제의 육성"은 기본권의 침해를 정당화할 수 있는 공익으로 고려하기 어렵다. …… <u>따라서 구입명령제도는 소주판매업자의 직업의 자유는 물론 소주제조업자의 경쟁 및 기업의 자유,</u> 즉 직업의 자유와 소비자의 행복추구권에서 파생된 자기결정권을 지나치게 침해하는 위헌적인 규정이다(헌재[전] 1996. 12. 26. 96헌가18).

④ [X] 청년할당제는 일정 규모 이상의 기관에만 적용되고, 전문적인 자격이나 능력을 요하는 경우에는 적용을 배제하는 등 상당한 예외를 두고 있다. 더욱이 3년 간 한시적으로만 시행하며, 청년할당제가 추구하는 청년실업해소를 통한 지속적인 경제성장과 사회 안정은 매우 중요한 공익인 반면, 청년할당제가 시행되더라도 현실적으로 35세 이상 미취업자들이 공공기관 취업기회에서 불이익을 받을 가능성은 크다고 볼 수 없다. 따라서 이 사건 청년할당제가 <u>청구인들의 평등권, 공공기관 취업의 자유를 침해한다고 볼 수 없다</u>(헌재[전] 2014. 8. 28. 2013헌마553).

05 공무담임권에 대한 설명으로 옳지 않은 것은? (다툼이 있는 경우 판례에 의함)

① 지방자치단체의 장이 금고 이상의 형을 선고받고 그 형이 확정되지 아니한 경우 부단체장이 그 권한을 대행하도록 규정한 「지방자치법」 조항은 지방자치단체장의 공무담임권을 침해한다.

② 5급 공개경쟁채용시험 응시연령의 상한을 32세까지로 제한하고 있는 것은 기본권 제한을 최소한 도에 그치도록 요구하는 헌법 제37조 제2항에 부합된다고 보기 어렵다.

③ 공무담임권의 보호영역에는 공직취임기회의 자의적인 배제뿐만 아니라 공무원 신분의 부당한 박탈이나 권한의 부당한 정지, 승진시험의 응시제한이나 이를 통한 승진기회의 보장 등이 포함된다.

④ 공무담임권은 각종 선거에 입후보하여 당선될 수 있는 피선거권과 공직에 임명될 수 있는 공직취임권을 포괄하는 권리이다.

06 대통령의 사면권에 대한 설명으로 옳지 않은 것은?

① 일반에 대한 감형에서는 특별한 규정이 없는 경우 형이 변경되지만, 특정한 자에 대한 감형에서는 특별한 사정이 있는 경우를 제외하고는 형의 집행이 경감된다.

② 일반사면뿐만 아니라 특별사면의 경우에도 국무회의 심의를 거쳐야 한다.

③ 복권은 형의 집행이 끝나지 아니한 자 또는 집행이 면제되지 아니한 자에 대하여는 하지 아니한다.

④ 사면심사위원회는 위원장 1명을 포함한 9명의 위원으로 구성하며, 위원장은 법무부장관이 되고, 위원은 대통령이 임명하거나 위촉하되, 공무원이 아닌 위원을 4명 이상 위촉하여야 한다.

05 ③

① [O] 또한, <u>금고 이상의 형을 선고받았더라도 불구속상태에 있는 이상 자치단체장이 직무를 수행하는 데는 아무런 지장이 없으므로</u> 부단체장으로 하여금 그 권한을 대행시킬 직접적 필요가 없다는 점, …… 더욱이 장차 무죄판결을 선고받게 되면 이미 침해된 공무담임권은 회복될 수도 없는 등의 심대한 불이익을 입게 되므로, 법익균형성 요건 또한 갖추지 못하였다. 따라서, 이 사건 법률조항은 <u>자치단체장인 청구인의 공무담임권을 침해한다</u>(헌재[전]2010. 9. 2. 2010헌마418).

② [O] 그런데 32세까지는 5급 공무원의 직무수행에 필요한 최소한도의 자격요건을 갖추고, 32세가 넘으면 그러한 자격요건을 상실한다고 보기 어렵고, 6급 및 7급 공무원 공채시험의 응시연령 상한을 35세까지로 규정하면서 그 상급자인 5급 공무원의 채용연령을 32세까지로 제한한 것은 합리적이라고 볼 수 없으므로, 이 사건 시행령조항이 5급 공채시험 응시연령의 상한을 '32세까지'로 제한하고 있는 것은 <u>기본권 제한을 최소한도에 그치도록 요구하는 헌법 제37조 제2항에 부합된다고 보기 어렵다</u>(헌재[전] 2008. 5. 29. 2007헌마1105).

③ [X] 공무담임권의 보호영역에는 일반적으로 공직취임의 기회보장, 신분박탈, 직무의 정지가 포함될 뿐이고 청구인이 주장하는 '승진시험의 응시제한'이나 이를 통한 승진기회의 보장 문제는 공직신분의 유지나 업무수행에는 영향을 주지 않는 단순한 내부 승진인사에 관한 문제에 불과하여 공무담임권의 보호영역에 포함된다고 보기는 어려우므로 결국 이 사건 심판대상 규정은 청구인의 공무담임권을 침해한다고 볼 수 없다(헌재[전]2007. 6. 28. 2005헌마1179).

④ [O] 헌법 제25조는 "모든 국민은 법률이 정하는 바에 의하여 공무담임권을 가진다."고 규정하여 공무담임권을 보장하고 있는바, <u>공무담임권은 각종 선거에 입후보하여 당선될 수 있는 피선거권과 공직에 임명될 수 있는 공직취임권을 포괄하고 있다</u>(헌재 1996. 6. 26. 96헌마200).

06 ④

① [O] 사면법 제5조(사면 등의 효과)
　　① 사면, 감형 및 복권의 효과는 다음 각 호와 같다.
　　　　4. 특정한 자에 대한 감형 : 형의 집행을 경감한다. 다만, 특별한 사정이 있을 때에는 형을 변경할 수 있다.

② [O] 헌법 제89조 … 다음 사항은 국무회의의 심의를 거쳐야 한다.
　　9. 사면 · 감형과 복권

③ [O] 사면법 제6조(복권의 제한 … 복권은 형의 집행이 끝나지 아니한 자 또는 집행이 면제되지 아니한 자에 대하여는 하지 아니한다.

④ [X] 사면법 제10조의2(사면심사위원회)
　　② 사면심사위원회는 위원장 1명을 포함한 9명의 위원으로 구성한다.
　　③ 위원장은 법무부장관이 되고, 위원은 <u>법무부장관</u>이 임명하거나 위촉하되, 공무원이 아닌 위원을 4명 이상 위촉하여야 한다.

07 선거에 대한 설명으로 옳지 않은 것은? (다툼이 있는 경우 판례에 의함)

① 헌법 제24조는 모든 국민은 법률이 정하는 바에 의하여 선거권을 가진다고 규정함으로써 법률유보의 형식을 취하고 있는데, 이것은 국민의 선거권이 법률이 정하는 바에 따라서 인정될 수 있다는 포괄적인 입법권의 유보 하에 있음을 의미하는 것이다.

② 대통령선거·지역구국회의원선거 및 지방자치단체의 장 선거의 후보자는 점자형 선거공보를 작성·제출하여야 하되, 책자형 선거공보에 그 내용이 음성·점자 등으로 출력되는 인쇄물 접근성 바코드를 표시하는 것으로 대신할 수 있다.

③ 선거일 현재 선거범으로서 100만 원 이상의 벌금형의 선고를 받고 그 형이 확정된 후 5년 또는 형의 집행유예의 선고를 받고 그 형이 확정된 후 10년을 경과하지 아니한 사람은 선거권이 없다.

④ 선거일 현재 5년 이상 국내에 거주하고 있는 40세 이상의 국민은 대통령의 피선거권이 있으며, 이 경우 공무로 외국에 파견된 기간과 국내에 주소를 두고 일정기간 외국에 체류한 기간은 국내 거주기간으로 본다.

08 국회의 권한에 대한 설명으로 옳지 않은 것은?

① 국회가 의원의 자격 유무를 심사하여 그 자격이 없는 것으로 의결할 때에는 재적의원 3분의 2 이상의 찬성이 있어야 한다.

② 국정조사위원회는 의결로써 국회의 폐회 중에도 활동할 수 있고 조사와 관련한 보고 또는 서류의 제출을 요구하거나 조사를 위한 증인의 출석을 요구하는 경우에는 의장을 경유하여야 한다.

③ 국채를 모집하거나 예산외에 국가의 부담이 될 계약을 체결하려 할 때에는 정부는 미리 국회의 의결을 얻어야 한다.

④ 국회는 중요한 국제조직에 관한 조약의 체결·비준에 대한 동의권을 가진다.

07 ①

① [X] 헌법 제24조는 모든 국민은 '법률이 정하는 바에 의하여' 선거권을 가진다고 규정함으로써 법률유보의 형식을 취하고 있지만, 이것은 국민의 선거권이 '법률이 정하는 바에 따라서만 인정될 수 있다'는 포괄적인 입법권의 유보하에 있음을 의미하는 것이 아니다. 국민의 기본권을 법률에 의하여 구체화하라는 뜻이며 선거권을 법률을 통해 구체적으로 실현하라는 의미이다(헌재[전] 2007. 6. 28. 2004헌마644).

② [O] 공직선거법 제65조(선거공보)

    ④ …… 다만, 대통령선거·지역구국회의원선거 및 지방자치단체의 장선거의 후보자는 점자형 선거공보를 작성·제출하여야 하되, 책자형 선거공보에 그 내용이 음성·점자 등으로 출력되는 인쇄물 접근성 바코드를 표시하는 것으로 대신할 수 있다.

③ [O] 공직선거법 제18조(선거권이 없는 자)

    ① 선거일 현재 다음 각 호의 어느 하나에 해당하는 사람은 선거권이 없다.

        3. 선거범, …… 죄를 범한 자로서, 100만 원 이상의 벌금형의 선고를 받고 그 형이 확정된 후 5년 또는 형의 집행유예의 선고를 받고 그 형이 확정된 후 10년을 경과하지 아니하거나 징역형의 선고를 받고 그 집행을 받지 아니하기로 확정된 후 또는 그 형의 집행이 종료되거나 면제된 후 10년을 경과하지 아니한 자.

④ [O] 공직선거법 제16조(피선거권)

    ① 선거일 현재 5년 이상 국내에 거주하고 있는 40세 이상의 국민은 대통령의 피선거권이 있다. 이 경우 공무로 외국에 파견된 기간과 국내에 주소를 두고 일정기간 외국에 체류한 기간은 국내거주기간으로 본다.

08 ②

① [O] 국회법 제142조(의결)

    ③ 본회의는 심사대상 의원의 자격 유무를 의결로 결정하되, 그 자격이 없는 것으로 의결할 때에는 재적의원 3분의 2 이상의 찬성이 있어야 한다.

② [X] 국정감사 및 조사에 관한 법률 제4조(조사위원회)

    ④ 조사위원회는 의결로써 국회의 폐회 중에도 활동할 수 있고 조사와 관련한 보고 또는 서류 및 해당 기관이 보유한 사진·영상물의 제출을 요구하거나 조사를 위한 증인·감정인·참고인의 출석을 요구하는 경우에는 <u>의장을 경유하지 아니할 수 있다.</u>

③ [O] 헌법 제58조 … 국채를 모집하거나 예산외에 국가의 부담이 될 계약을 체결하려 할 때에는 정부는 미리 국회의 의결을 얻어야 한다.

④ [O] 헌법 제60조

    ① 국회는 상호원조 또는 안전보장에 관한 조약, 중요한 국제조직에 관한 조약, 우호통상항해조약, 주권의 제약에 관한 조약, 강화조약, 국가나 국민에게 중대한 재정적 부담을 지우는 조약 또는 입법사항에 관한 조약의 체결·비준에 대한 동의권을 가진다.

09 범죄피해자구조청구권에 대한 설명으로 옳은 것은?

① 외국인이 구조피해자이거나 유족인 경우에는 해당 국가의 상호보증이 있는 경우에 한하여 범죄피해자구조청구권을 행사할 수 있다.

② 범죄피해자구조청구권은 생명, 신체에 대한 피해를 입은 경우에 적용되는 것은 물론이고 재산상 피해를 입은 경우에도 적용된다.

③ 구조대상 범죄피해는 대한민국 영역 안에서 또는 대한민국 영역 밖에서 행하여진 범죄로 인한 피해를 말한다.

④ 범죄피해자구조금의 지급신청은 해당 구조대상 범죄피해의 발생을 안 날부터 3년이 지나거나 해당 구조대상 범죄피해가 발생한 날부터 5년이 지나면 할 수 없다.

10 정당해산심판제도에 대한 설명으로 옳은 것은? (다툼이 있는 경우 판례에 의함)

① 헌법재판소가 정당해산의 결정을 하는 때에는 재판관 과반수의 찬성을 요한다.

② 정당해산결정이 선고되면, 대체정당의 결성이 금지되나 동일한 당명을 사용하는 것은 가능하다.

③ 헌법재판소의 결정으로 정당이 해산될 경우에 정당의 기속성이 강한 비례대표국회의원은 의원직을 상실하나, 국민이 직접 선출한 지역구 국회의원은 의원직을 상실하지 않는다.

④ 정부가 정당해산심판을 제소하기 위해서는 국무회의의 심의를 거쳐야 하는데, 대통령의 직무상 해외 순방 중 국무총리가 주재한 국무회의에서 정당해산심판청구서 제출안에 대한 의결을 하더라도 위법하지 않다.

09 ①

① [O] 범죄피해자 보호법 제23조(외국인에 대한 구조) … 이 법은 외국인이 구조피해자이거나 유족인 경우에는 해당 국가의 상호보증이 있는 경우에만 적용한다.

② [X] 헌법 제30조 … 타인의 범죄행위로 인하여 생명·신체에 대한 피해를 받은 국민은 법률이 정하는 바에 의하여 국가로부터 구조를 받을 수 있다.

③ [X] 범죄피해자 보호법 제3조(정의)

　① 이 법에서 사용하는 용어의 뜻은 다음과 같다.

　　4. "구조대상 범죄피해"란 대한민국의 영역 안에서 또는 대한민국의 영역 밖에 있는 대한민국의 선박이나 항공기 안에서 행하여진 사람의 생명 또는 신체를 해치는 죄에 해당하는 행위(「형법」 제9조, 제10조 제1항, 제12조, 제22조 제1항에 따라 처벌되지 아니하는 행위를 포함하며, 같은 법 제20조 또는 제21조 제1항에 따라 처벌되지 아니하는 행위 및 과실에 의한 행위는 제외한다)로 인하여 사망하거나 장해 또는 중상해를 입은 것을 말한다.

④ [X] 범죄피해자 보호법 제25조(구조금의 지급신청)

　② 제1항에 따른 신청은 해당 구조대상 범죄피해의 발생을 안 날부터 3년이 지나거나 해당 구조대상 범죄피해가 발생한 날부터 10년이 지나면 할 수 없다.

10 ④

① [X] 헌법 제113조

　① 헌법재판소에서 법률의 위헌결정, 탄핵의 결정, 정당해산의 결정 또는 헌법소원에 관한 인용결정을 할 때에는 재판관 6인 이상의 찬성이 있어야 한다.

② [X] 정당법 제40조(대체정당의 금지) … 정당이 헌법재판소의 결정으로 해산된 때에는 해산된 정당의 강령(또는 기본정책)과 동일하거나 유사한 것으로 정당을 창당하지 못한다.

③ [X] 헌법재판소의 해산결정으로 정당이 해산되는 경우에 그 정당 소속 국회의원이 의원직을 상실하는지에 대하여 명문의 규정은 없으나, 정당해산심판제도의 본질은 민주적 기본질서에 위배되는 정당을 정치적 의사형성과정에서 배제함으로써 국민을 보호하는 데에 있는데 해산정당 소속 국회의원의 의원직을 상실시키지 않는 경우 정당해산결정의 실효성을 확보할 수 없게 되므로, 이러한 정당해산제도의 취지 등에 비추어 볼 때 헌법재판소의 정당해산결정이 있는 경우 그 정당 소속 국회의원의 의원직은 당선 방식을 불문하고 모두 상실되어야 한다(헌재[전]2014. 12. 19. 2013헌다1).

④ [O] 대통령은 국무회의 의장으로서 회의를 소집하고 이를 주재하지만 대통령이 사고로 직무를 수행할 수 없는 경우에는 국무총리가 그 직무를 대행할 수 있고, 대통령이 해외 순방 중인 경우는 '사고'에 해당되므로, 대통령의 직무상 해외 순방 중 국무총리가 주재한 국무회의에서 이루어진 정당해산심판청구서 제출안에 대한 의결은 위법하지 아니하다(헌재[전]2014. 12. 19. 2013헌다1).

11 국회에 대한 설명으로 옳은 것은?

① 국회의원의 수는 헌법에 규정되어 있으며, 300인으로 한다.

② 국회의원은 국회에서 직무상 행한 발언과 표결에 관하여 국회 내에서 책임을 지지 않는다.

③ 국회의원은 헌법상 청렴의 의무가 있으며, 그 지위를 남용하여 재산상의 권리, 이익을 취득할 수 없다.

④ 국회의 정기회는 법률이 정하는 바에 의하여 매년 1회 집회되며, 임시회는 국회재적의원 5분의 1 이상의 요구에 의하여 집회된다.

12 국무회의에 대한 설명으로 옳지 않은 것은?

① 국무위원은 정무직으로 하며 의장에게 의안을 제출하고 국무회의의 소집을 요구할 수 있다.

② 국유재산처분의 기본계획은 국무회의의 심의를 거쳐야 한다.

③ 국무회의와 국민경제자문회의는 헌법상 그 설치를 명문으로 규정하고 있는 필수적 헌법기관이다.

④ 국무조정실장 · 국가보훈처장 · 인사혁신처장 · 법제처장 · 식품의약품안전처장 그 밖에 법률로 정하는 공무원은 필요한 경우 국무회의에 출석하여 발언할 수 있다.

13 헌법에서 명시적으로 규칙제정권을 부여하고 있는 기관만을 모두 고른 것은?

㉠ 국회	㉡ 감사원
㉢ 대법원	㉣ 헌법재판소
㉤ 중앙선거관리위원회	

① ㉡, ㉤

② ㉠, ㉢, ㉣

③ ㉠, ㉢, ㉣, ㉤

④ ㉠, ㉡, ㉢, ㉣, ㉤

11 ③

① [X] 헌법 제41조

　② 국회의원의 수는 법률로 정하되, 200인 이상으로 한다.

② [X] 헌법 제45조 ··· 국회의원은 국회에서 직무상 행한 발언과 표결에 관하여 <u>국회외</u>에서 책임을 지지 아니한다.

③ [O] 헌법 제46조

　① 국회의원은 청렴의 의무가 있다.

　③ 국회의원은 그 지위를 남용하여 국가 · 공공단체 또는 기업체와의 계약이나 그 처분에 의하여 재산상의 권리 · 이익 또는 직위를 취득하거나 타인을 위하여 그 취득을 알선할 수 없다.

④ [X] 헌법 제47조

　① 국회의 정기회는 법률이 정하는 바에 의하여 매년 1회 집회되며, 국회의 임시회는 대통령 또는 국회재적의원 4분의 1 이상의 요구에 의하여 집회된다.

12 ③

① [O] 정부조직법 제12조(국무회의)

　③ 국무위원은 정무직으로 하며 의장에게 의안을 제출하고 국무회의의 소집을 요구할 수 있다.

② [O] 헌법 제89조 ··· 다음 사항은 국무회의의 심의를 거쳐야 한다.

　4. 예산안 · 결산 · <u>국유재산처분의 기본계획</u> · 국가의 부담이 될 계약 기타 재정에 관한 중요사항

③ [X] 헌법 제93조

　① 국민경제의 발전을 위한 중요정책의 수립에 관하여 대통령의 자문에 응하기 위하여 국민경제자문회의를 <u>둘 수 있다.</u>

④ [O] 정부조직법 제13조(국무회의의 출석권 및 의안제출)

　① 국무조정실장 · 국가보훈처장 · 인사혁신처장 · 법제처장 · 식품의약품안전처장 그 밖에 법률로 정하는 공무원은 필요한 경우 국무회의에 출석하여 발언할 수 있다.

13 ③

㉠ [O] 헌법 제64조

　① 국회는 법률에 저촉되지 아니하는 범위안에서 의사와 내부규율에 관한 규칙을 제정할 수 있다.

㉡ [X] <u>감사원법</u> 제52조(감사원규칙) ··· 감사원은 감사에 관한 절차, 감사원의 내부 규율과 감사사무 처리에 관한 규칙을 제정할 수 있다.

㉢ [O] 헌법 제108조 ··· 대법원은 법률에 저촉되지 아니하는 범위안에서 소송에 관한 절차, 법원의 내부규율과 사무처리에 관한 규칙을 제정할 수 있다.

㉣ [O] 헌법 제113조

　② 헌법재판소는 법률에 저촉되지 아니하는 범위안에서 심판에 관한 절차, 내부규율과 사무처리에 관한 규칙을 제정할 수 있다.

㉤ [O] 헌법 제114조

　⑥ 중앙선거관리위원회는 법령의 범위안에서 선거관리 · 국민투표관리 또는 정당사무에 관한 규칙을 제정할 수 있으며, 법률에 저촉되지 아니하는 범위안에서 내부규율에 관한 규칙을 제정할 수 있다.

14 개인정보보호에 대한 설명으로 옳지 않은 것은? (다툼이 있는 경우 판례에 의함)

① 개인정보란 살아 있는 개인에 관한 정보로서 성명, 주민등록번호 및 영상 등을 통하여 개인을 알아볼 수 있는 정보(해당 정보만으로는 특정 개인을 알아볼 수 없더라도 다른 정보와 쉽게 결합하여 알아볼 수 있는 것을 포함한다)를 말한다.

② 정보주체는 자신의 개인정보 처리로 인하여 발생한 피해를 신속하고 공정한 절차에 따라 구제받을 권리를 가진다.

③ 개인정보처리자는 정보주체가 필요한 최소한의 정보 외의 개인정보 수집에 동의하지 아니한다는 이유로 정보주체에게 재화 또는 서비스의 제공을 거부하여서는 아니 된다.

④ 국민건강보험공단이 피의자의 급여일자와 요양기관명에 관한 정보를 수사기관에 제공하는 것은, 당해 정보가 개인의 건강에 관한 것이기는 하나 개인의 건강 상태에 관한 막연하고 추상적인 정보에 불과하여 보호의 필요성이 높지 않을 뿐만 아니라, 검거목적에 필요한 최소한의 정보를 제공한 것으로써 그의 개인정보자기결정권을 침해하지 아니한다.

15 대한민국 국민이 되는 요건에 대한 설명으로 옳지 않은 것은?

① 출생 당시에 부 또는 모가 대한민국의 국민인 자는 출생과 동시에 대한민국 국적을 취득한다.

② 대한민국에서 발견된 기아(棄兒)는 대한민국에서 출생한 것으로 추정한다.

③ 국적을 후천적으로 취득하는 방법으로 인지나 귀화 등이 있다.

④ 부모 중 어느 한쪽이 국적이 없는 경우에 대한민국에서 출생한 자는 대한민국 국적을 취득한다.

14 ④

① [O] 개인정보 보호법 제2조(정의) … 이 법에서 사용하는 용어의 뜻은 다음과 같다.

　　1. "개인정보"란 살아 있는 개인에 관한 정보로서 다음 각 목의 어느 하나에 해당하는 정보를 말한다.

　　　　가. 성명, 주민등록번호 및 영상 등을 통하여 개인을 알아볼 수 있는 정보

　　　　나. 해당 정보만으로는 특정 개인을 알아볼 수 없더라도 다른 정보와 쉽게 결합하여 알아볼 수 있는 정보. 이 경우 쉽게 결합할 수 있는지 여부는 다른 정보의 입수 가능성 등 개인을 알아보는 데 소요되는 시간, 비용, 기술 등을 합리적으로 고려하여야 한다.

　　　　다. 가목 또는 나목을 제1호의2에 따라 가명처리함으로써 원래의 상태로 복원하기 위한 추가 정보의 사용 · 결합 없이는 특정 개인을 알아볼 수 없는 정보(이하 "가명정보"라 한다)

② [O] 개인정보 보호법 제4조(정보주체의 권리) … 정보주체는 자신의 개인정보 처리와 관련하여 다음 각 호의 권리를 가진다.

　　5. 개인정보의 처리로 인하여 발생한 피해를 신속하고 공정한 절차에 따라 구제받을 권리

③ [O] 개인정보 보호법 제16조(개인정보의 수집 제한)

　　③ 개인정보처리자는 정보주체가 필요한 최소한의 정보 외의 개인정보 수집에 동의하지 아니한다는 이유로 정보주체에게 재화 또는 서비스의 제공을 거부하여서는 아니 된다.

④ [X] 서울용산경찰서장은 청구인들을 검거하기 위해서 국민건강보험공단에게 청구인들의 요양급여내역을 요청한 것인데, 서울용산경찰서장은 그와 같은 요청을 할 당시 전기통신사업자로부터 위치추적자료를 제공받는 등으로 <u>청구인들의 위치를 확인하였거나 확인할 수 있는 상태였다.</u> 따라서 서울용산경찰서장이 청구인들을 검거하기 위하여 청구인들의 약 2년 또는 3년이라는 장기간의 요양급여내역을 제공받는 것이 불가피하였다고 보기 어렵다. 한편 급여일자와 요양기관명은 피의자의 현재 위치를 곧바로 파악할 수 있는 정보는 아니므로, <u>이 사건 정보제공행위로 얻을 수 있는 수사상의 이익은 없었거나 미약한 정도였다.</u> ……그렇다면 이 사건 정보제공행위는 이 사건 정보제공조항 등이 정한 요건을 충족한 것으로 볼 수 없고, <u>침해의 최소성 및 법익의 균형성에 위배되어 청구인들의 개인정보자기결정권을 침해하였다</u>(헌재[전] 2018. 8. 30. 2014헌마368).

15 ④

① [O] ② [O] ④ [X]

국적법 제2조(출생에 의한 국적 취득)

　① 다음 각 호의 어느 하나에 해당하는 자는 출생과 동시에 대한민국 국적을 취득한다.

　　1. <u>출생 당시에 부 또는 모가 대한민국의 국민인 자</u>

　　2. <u>출생하기 전에 부가 사망한 경우에는 그 사망 당시에 부가 대한민국의 국민이었던 자</u>

　　3. <u>부모가 모두 분명하지 아니한 경우나 국적이 없는 경우에는 대한민국에서 출생한 자</u>

　② <u>대한민국에서 발견된 기아(棄兒)는 대한민국에서 출생한 것으로 추정한다.</u>

③ [O] 국적법 제2조는 출생에 의한 국적취득을, 제3조와 제4조는 후천적 방법으로써 인지와 귀화에 의한 국적취득 방법을 규정하고 있다.

16 주거의 자유에 대한 설명으로 옳지 않은 것은? (다툼이 있는 경우 판례에 의함)

① 헌법 제16조가 보장하는 주거의 자유는 개방되지 않은 사적 공간인 주거를 공권력이나 제3자에 의해 침해당하지 않도록 함으로써 국민의 사생활영역을 보호하기 위한 권리이다.

② 헌법 제16조에서 영장주의에 대한 예외를 마련하고 있지 않으므로 주거에 대한 압수나 수색에 있어 영장주의가 예외없이 반드시 관철되어야 함을 의미하는 것이다.

③ 주거의 자유와 관련한 영장주의는 1962년 제5차 헌법개정에서 처음으로 헌법에 명시되었다.

④ 「출입국관리법」에 의한 보호에 있어서 용의자에 대한 긴급보호를 위해 그의 주거에 들어간 것이라면 그 긴급보호가 적법한 이상 주거의 자유를 침해한 것으로 볼 수 없다.

17 헌법기관의 권한대행에 대한 설명으로 옳은 것은?

① 국무총리 사고 시 대통령이 지명하는 국무위원이 그 권한을 대행한다.

② 국회의장의 사고 시 권한대행자는 의장이 지정하는 부의장이고 의장과 부의장 모두 사고가 있을 때에는 임시의장을 선출한다.

③ 대법원장의 궐위 시 대법관 중 최연장자가 그 권한을 대행한다.

④ 헌법재판소장의 궐위 시 임명일자 순으로 권한대행을 하며 임명일자가 같을 시에는 연장자 순으로 한다.

16 ②

① [O] 헌법 제16조가 보장하는 주거의 자유는 개방되지 않은 사적 공간인 주거를 공권력이나 제3자에 의해 침해당하지 않도록 함으로써 국민의 사생활영역을 보호하기 위한 권리이므로, 주거용 건축물의 사용·수익관계를 정하고 있는 이 사건 법률조항이 주거의 자유를 제한한다고 볼 수도 없다(헌재[전] 2014. 7. 24. 2012헌마662).

② [X] 헌법 제12조 제3항은 "체포·구속·압수 또는 수색을 할 때에는 적법한 절차에 따라 검사의 신청에 의하여 법관이 발부한 영장을 제시하여야 한다. 다만, 현행범인인 경우와 장기 3년 이상의 형에 해당하는 죄를 범하고 도피 또는 증거인멸의 염려가 있을 때에는 사후에 영장을 청구할 수 있다."라고 규정함으로써, 사전영장주의에 대한 예외를 명문으로 인정하고 있다. 이와 달리 헌법 제16조 후문은 "주거에 대한 압수나 수색을 할 때에는 검사의 신청에 의하여 법관이 발부한 영장을 제시하여야 한다."라고 규정하고 있을 뿐 영장주의에 대한 예외를 명문화하고 있지 않다. 그러나 헌법 제16조에서 영장주의에 대한 예외를 마련하지 아니하였다고 하여, 주거에 대한 압수나 수색에 있어 영장주의가 예외 없이 반드시 관철되어야 함을 의미하는 것은 아닌 점, …… 등을 종합하면, 헌법 제16조의 영장주의에 대해서도 그 예외를 인정하되, 이는 ① 그 장소에 범죄혐의 등을 입증할 자료나 피의자가 존재할 개연성이 소명되고, ② 사전에 영장을 발부받기 어려운 긴급한 사정이 있는 경우에만 제한적으로 허용될 수 있다고 보는 것이 타당하다(헌재 2018. 4. 26. 2015헌바370).

③ [O] 이와 같은 주거의 자유와 관련한 영장주의는 1962. 12. 26. 헌법 제6호로 헌법이 전부개정되면서 처음으로 명시되었다(헌재 2018. 4. 26. 2015헌바370).

④ [O] 출입국관리법에 의한 보호에 있어서 용의자에 대한 긴급보호를 위해 그의 주거에 들어간 것이라면 그 긴급보호가 적법한 이상 주거의 자유를 침해한 것으로 볼 수 없으므로 청구인에 대한 긴급보호가 적법한 이상 그 긴급보호 과정에서 청구인의 주거에 들어갔다고 하더라도 주거의 자유를 침해하였다고 볼 수 없다(헌재[전] 2012. 8. 23. 2008헌마430).

17 ②

① [X] 정부조직법 제22조(국무총리의 직무대행) … 국무총리가 사고로 직무를 수행할 수 없는 경우에는 기획재정부장관이 겸임하는 부총리, 교육부장관이 겸임하는 부총리의 순으로 직무를 대행하고, 국무총리와 부총리가 모두 사고로 직무를 수행할 수 없는 경우에는 대통령의 지명이 있으면 그 지명을 받은 국무위원이, 지명이 없는 경우에는 제26조제1항에 규정된 순서에 따른 국무위원이 그 직무를 대행한다.

② [O] • 국회법 제12조(부의장의 의장 직무대리)
　① 의장이 사고가 있을 때에는 의장이 지정하는 부의장이 그 직무를 대리한다.
　• 국회법 제13조(임시의장) … 의장과 부의장이 모두 사고가 있을 때에는 임시의장을 선출하여 의장의 직무를 대행하게 한다.

③ [X] 법원조직법 제13조(대법원장)
　③ 대법원장이 궐위되거나 부득이한 사유로 직무를 수행할 수 없을 때에는 선임대법관이 그 권한을 대행한다.

④ [X] 헌법재판소장의 권한대행에 관한 규칙 제3조(궐위 시 등의 대행)
　① 헌법재판소장이 궐위되거나 1개월 이상 사고로 인하여 직무를 수행할 수 없을 때에는 헌법재판소 재판관 중 재판관회의에서 선출된 사람이 그 권한을 대행한다. 다만, 그 대행자가 선출될 때까지는 제2조에 해당하는 사람이 헌법재판소장의 권한을 대행한다.

18 법원에 대한 설명으로 옳은 것은?

① 공개재판의 원칙에 따라 재판의 판결을 공개해야 하지만 국가의 안전보장 또는 안녕질서를 방해하거나 선량한 풍속을 해할 염려가 있을 때에는 법원의 결정으로 공개하지 않을 수 있다.

② 대법원에는 대법관이 아닌 법관은 둘 수 없다.

③ 비상계엄하의 군사재판은 군인·군무원의 범죄나 군사에 관한 간첩죄의 경우와 초병·초소·유독음식물공급·포로에 관한 죄중 법률이 정한 경우에 한하여 단심으로 할 수 있으나, 사형을 선고한 경우에는 그러하지 아니하다.

④ 국회의원 선거의 선거소송은 중앙선거관리위원회에 대한 선거소청을 거쳐 대법원이 관할한다.

19 국무총리에 대한 설명으로 옳지 않은 것은?

① 국무총리는 국회나 그 위원회에 출석하여 국정처리상황을 보고하거나 의견을 진술하고 질문에 응답할 수 있다.

② 국무총리는 국무위원의 해임을 대통령에게 건의할 수 있다.

③ 국무총리는 국무회의의 의장이 되며, 행정에 관하여 대통령의 명을 받아 행정각부를 통할한다.

④ 국무총리는 소관 사무에 관하여 법률이나 대통령령의 위임 또는 직권으로 총리령을 발할 수 있다.

18 ③

① [X] 헌법 제109조 ··· 재판의 심리와 판결은 공개한다. 다만, <u>심리</u>는 국가의 안전보장 또는 안녕질서를 방해하거나 선량
한 풍속을 해할 염려가 있을 때에는 법원의 결정으로 공개하지 아니할 수 있다.

② [X] 헌법 제102조
② 대법원에 대법관을 둔다. 다만, 법률이 정하는 바에 의하여 대법관이 아닌 법관을 둘 수 있다.

③ [O] 헌법 제110조
④ 비상계엄하의 군사재판은 군인·군무원의 범죄나 군사에 관한 간첩죄의 경우와 초병·초소·유독음식물공급·
포로에 관한 죄중 법률이 정한 경우에 한하여 단심으로 할 수 있다. 다만, 사형을 선고한 경우에는 그러하지 아
니하다.

④ [X] 공직선거법 제222조(선거소송)
① 대통령선거 및 국회의원선거에 있어서 선거의 효력에 관하여 이의가 있는 선거인·정당(후보자를 추천한 정당에
한한다) 또는 후보자는 선거일부터 30일 이내에 당해 선거구선거관리위원회위원장을 피고로 하여 <u>대법원에 소를
제기할 수 있다.</u>
→ 따라서 국회의원선거의 선거소송에는 선거소청을 거치지 않는다.

19 ③

① [O] 헌법 제62조
① 국무총리·국무위원 또는 정부위원은 국회나 그 위원회에 출석하여 국정처리상황을 보고하거나 의견을 진술하
고 질문에 응답할 수 있다.

② [O] 헌법 제87조
③ 국무총리는 국무위원의 해임을 대통령에게 건의할 수 있다.

③ [X] 헌법 제88조
③ 대통령은 국무회의의 의장이 되고, <u>국무총리는 부의장이 된다.</u>

④ [O] 헌법 제95조 ··· 국무총리 또는 행정각부의 장은 소관사무에 관하여 법률이나 대통령령의 위임 또는 직권으로 총리령
또는 부령을 발할 수 있다.

20 사법권의 독립에 대한 설명으로 옳지 않은 것은? (다툼이 있는 경우 판례에 의함)

① 작량감경을 하여도 집행유예를 선고할 수 없도록 법정형을 정한 것은 법관의 양형결정권을 침해하여 법관독립의 원칙에 위배된다.

②「법원조직법」제8조는 "상급법원의 재판에 있어서의 판단은 당해사건에 관하여 하급심을 기속한다."고 규정하지만 이는 심급제도의 합리적 유지를 위하여 당해사건에 한하여 구속력을 인정한 것이고 그 후의 동종 사건에 대한 선례로서의 구속력에 관한 것은 아니다.

③ 근무성적이 현저히 불량하여 판사로서 정상적인 직무를 수행할 수 없는 경우에 연임발령을 하지 않도록 한 것은 사법의 독립을 침해하지 않는다.

④ 대법원장은 법관을 사건의 심판 외의 직(재판연구관을 포함한다)에 보하거나 그 직을 겸임하게 할 수 있다.

21 소급입법금지원칙에 대한 설명으로 옳지 않은 것은? (다툼이 있는 경우 판례에 의함)

① 진정소급입법의 경우는 개인의 신뢰보호와 법적 안정성을 내용으로 하는 법치국가원리에 의하여 헌법적으로 허용되지 아니하는 것이 원칙이나, 특단의 사정이 있는 경우에는 예외적으로 허용될 수 있다.

② 부당환급받은 세액을 징수하는 근거규정인 개정조항을 개정된 법 시행 후 최초로 환급세액을 징수하는 분부터 적용하도록 규정한「법인세법」부칙 조항은 이미 완성된 사실·법률관계를 규율하는 진정소급입법에 해당하나, 이를 허용하지 아니하면 위 개정조항과 같이 법인세 부과처분을 통하여 효율적으로 환수하지 못하고 부당이득 반환 등 복잡한 절차를 거칠 수밖에 없어 중대한 공익상 필요에 의하여 예외적으로 허용된다.

③ 형벌불소급원칙이란 형벌법규는 시행된 이후의 행위에 대해서만 적용되고 시행 이전의 행위에 대해서는 소급하여 불리하게 적용되어서는 안 된다는 원칙인바, 개정된 법률 이전의 행위를 소급하여 형사처벌하도록 규정하고 있는 것이 아니라 형사처벌을 규정하고 있던 행위시법이 사후 폐지되었음에도 신법이 아닌 행위시법에 의하여 형사처벌하도록 규정한 것은 헌법 제13조 제1항의 형벌불소급원칙 보호영역에 포섭되지 아니한다.

④ 디엔에이신원확인정보의 수집·이용은 수형인 등에게 심리적 압박으로 인한 범죄예방효과를 가진다는 점에서 보안처분의 성격을 지니지만, 처벌적인 효과가 없는 비형벌적 보안처분으로서 소급입법금지원칙이 적용되지 않는다.

20 ①

① [X] 이 사건 법률조항이 작량감경을 하더라도 별도의 법률상 감경사유가 없는 한 집행유예의 선고를 할 수 없도록 그 법정형의 하한을 높여 놓았다 하여 곧 그것이 법관의 양형결정권을 침해하였다거나 법관독립의 원칙에 위배된다고 할 수 없고 법관에 의한 재판을 받을 권리를 침해하는 것이라고도 할 수 없다(헌재[전] 2006. 12. 28. 2005헌바35).

② [O] 법원조직법 제8조는 "상급법원의 재판에 있어서의 판단은 당해사건에 관하여 하급심을 기속한다."고 규정하지만 이는 심급제도의 합리적 유지를 위하여 당해사건에 한하여 구속력을 인정한 것이고 그 후의 동종의 사건에 대한 선례로서의 구속력에 관한 것은 아니다(헌재[전] 2002. 6. 27. 2002헌마18).

③ [O] 이 사건 연임결격조항은 직무를 제대로 수행하지 못하는 판사를 그 직에서 배제하여 사법부 조직의 효율성을 유지하기 위한 것으로 그 정당성이 인정된다. 판사의 근무성적은 공정한 기준에 따를 경우 판사의 사법운영능력을 판단함에 있어 다른 요소에 비하여 보다 객관적인 기준으로 작용할 수 있고, 이를 통해 국민의 재판청구권의 실질적 보장에도 기여할 수 있다. 나아가 연임심사에 반영되는 판사의 근무성적에 대한 평가는 10년이라는 장기간 동안 반복적으로 실시되어 누적된 것이므로, 특정 가치관을 가진 판사를 연임에서 배제하는 수단으로 남용될 가능성이 크다고 볼 수 없다. 이 사건 연임결격조항은 사법의 독립을 침해한다고 볼 수 없다(헌재 2016. 9. 29. 2015헌바331).

④ [O] 법원조직법 제52조(겸임 등)

① 대법원장은 법관을 사건의 심판 외의 직(재판연구관을 포함한다)에 보하거나 그 직을 겸임하게 할 수 있다.

21 ②

① [O] 진정소급입법은 헌법적으로 허용되지 않는 것이 원칙이며 특단의 사정이 있는 경우에만 예외적으로 허용될 수 있다(헌재 2008. 5. 29. 2006헌바99)

② [X] 심판대상조항은 개정조항이 시행되기 전 환급세액을 수령한 부분까지 사후적으로 소급하여 개정된 징수조항을 적용하는 것으로서 헌법 제13조 제2항에 따라 원칙적으로 금지되는 이미 완성된 사실·법률관계를 규율하는 진정소급입법에 해당한다. 법인세를 부당 환급받은 법인은 소급입법을 통하여 이자상당액을 포함한 조세채무를 부담할 것이라고 예상할 수 없었고, 환급세액과 이자상당액을 법인세로서 납부하지 않을 것이라는 신뢰는 보호할 필요가 있다. 나아가 개정 전 법인세법 아래에서도 환급세액을 부당이득 반환청구를 통하여 환수할 수 있었으므로, 신뢰보호의 요청에 우선하여 진정소급입법을 하여야 할 매우 중대한 공익상 이유가 있다고 볼 수도 없다(헌재[전] 2014. 7. 24. 2012헌바105).

③ [O] 형벌불소급원칙이란 형벌법규는 시행된 이후의 행위에 대해서만 적용되고 시행 이전의 행위에 대해서는 소급하여 불리하게 적용되어서는 안 된다는 원칙인바, 이 사건 부칙조항은 개정된 법률 이전의 행위를 소급하여 형사처벌하도록 규정하고 있는 것이 아니라 형사처벌을 규정하고 있던 행위시법이 사후 폐지되었음에도 신법이 아닌 행위시법에 의하여 형사처벌하도록 규정한 것으로서, 헌법 제13조 제1항의 형벌불소급원칙 보호영역에 포섭되지 아니한다(헌재[전] 2015. 2. 26. 2012헌바268).

④ [O] 디엔에이신원확인정보의 수집·이용은 수형인등에게 심리적 압박으로 인한 범죄예방효과를 가진다는 점에서 보안처분의 성격을 지니지만, 처벌적인 효과가 없는 비형벌적 보안처분으로서 소급입법금지원칙이 적용되지 않는다(헌재[전]2014. 8. 28. 2011헌마28).

22 헌정사에 대한 설명으로 옳지 않은 것은?

① 1948년 제헌헌법부터 지방자치제도에 관한 헌법규정이 존재하였다.

② 1960년 제4차 개정헌법에서 헌법개정안에 대한 국민투표가 처음으로 규정되었다.

③ 1980년 제8차 개정헌법에서 소비자보호가 처음으로 규정되었다.

④ 1987년 제9차 개정헌법에서 범죄피해자구조청구권이 처음으로 규정되었다.

23 국회의 회의운영에 대한 설명으로 옳지 않은 것은?

① 국회는 휴회 중이라도 대통령의 요구가 있을 때, 의장이 긴급한 필요가 있다고 인정할 때 또는 재적의원 4분의 1 이상의 요구가 있을 때에는 국회의 회의를 재개한다.

② 국회의원 총선거 후 첫 임시회는 의원의 임기 개시 후 7일에 집회하며, 처음 선출된 의장의 임기가 폐회 중에 만료되는 경우에는 늦어도 임기만료일 5일 전까지 집회한다. 다만, 그날이 공휴일인 때에는 그 다음 날에 집회한다.

③ 국회의 회의는 공개하는 것이 원칙이지만, 의장이 국가의 안전보장을 위하여 필요하다고 인정할 때에는 공개하지 아니할 수 있다.

④ 국회운영위원회는 본회의 의결이 있거나 의장이 필요하다고 인정하여 각 교섭단체 대표의원과 협의한 경우를 제외하고는 본회의 중에는 개회할 수 없다.

22 ②

① [O] 지방자치제도는 제헌헌법(1948년)에서 지방자치단체의 근거와 자치 권한, 조직의 구성 등에 대해 법령 내에서 규정하도록 한, 헌법상 인정되는 자치제도였다.

② [X] 헌법개정안에 대해 국민투표를 최초로 규정한 것은 제5차 개정헌법(1962년)이다.

③ [O] 제8차 개정헌법(1980년)에서는 소비자보호, 적정임금, 행복추구권 등 기초적인 권리들이 규정되었다.

④ [O] 제9차 개정헌법(1987년)에서는 범죄피해자구조청구권과 최저임금제 등 기본권을 대폭 강화하는 규정들이 도입되었다.

23 ④

① [O] 국회법 제8조(휴회)

　② 국회는 휴회 중이라도 대통령의 요구가 있을 때, 의장이 긴급한 필요가 있다고 인정할 때 또는 재적의원 4분의 1 이상의 요구가 있을 때에는 국회의 회의를 재개한다.

② [O] 국회법 제5조(임시회)

　③ 국회의원 총선거 후 첫 임시회는 의원의 임기 개시 후 7일에 집회하며, 처음 선출된 의장의 임기가 폐회 중에 만료되는 경우에는 늦어도 임기만료일 5일 전까지 집회한다. 다만, 그 날이 공휴일인 때에는 그 다음 날에 집회한다.

③ [O] 헌법 제50조

　① 국회의 회의는 공개한다. 다만, 출석의원 과반수의 찬성이 있거나 의장이 국가의 안전보장을 위하여 필요하다고 인정할 때에는 공개하지 아니할 수 있다.

④ [X] 국회법 제56조(본회의 중 위원회의 개회) … 위원회는 본회의 의결이 있거나 의장이 필요하다고 인정하여 각 교섭단체 대표의원과 협의한 경우를 제외하고는 본회의 중에는 개회할 수 없다. <u>다만, 국회운영위원회는 그러하지 아니하다.</u>

24 위헌법률심판에 대한 설명으로 옳은 것만을 고른 것은? (다툼이 있는 경우 판례에 의함)

> ㉠ 법률이 헌법에 위반되는지 여부가 재판의 전제가 된 경우에는 당해 사건을 담당하는
> 법원(군사법원을 포함한다)은 직권 또는 당사자의 신청에 의한 결정으로 헌법재판소에
> 위헌 여부 심판을 제청한다.
> ㉡ 법원이 법률의 위헌 여부 심판을 헌법재판소에 제청한 때에는 당해 소송사건의 재판은
> 헌법재판소의 위헌 여부의 결정이 있을 때까지 정지되나 법원이 긴급하다고 인정하는
> 경우에는 종국재판 외의 소송절차를 진행할 수 있다.
> ㉢ 헌법재판소결정에 따르면 위헌법률심판에서 제청대상은 국회에서 제정한 형식적 의미의
> 법률을 의미하므로 관습법은 형식적 의미의 법률이 아니라서 제청대상에서 배제된다.
> ㉣ 법원의 위헌여부심판 제청에서 위헌 여부가 문제가 되는 법률이나 법률조항이 재판의
> 전제성 요건을 갖추고 있는지는 제청법원의 법률적 견해에 따라야 한다.

① ㉠, ㉡

② ㉠, ㉢

③ ㉡, ㉢

④ ㉢, ㉣

25 지방자치에 대한 설명으로 옳지 않은 것은?

① 시의 부시장, 군의 부군수, 자치구의 부구청장은 일반직 지방공무원으로 보하되, 그 직급은 대통령령으로 정하며 시장·군수·구청장이 임명한다.

② 지방의회의 의장이나 부의장이 법령을 위반하거나 정당한 사유 없이 직무를 수행하지 아니하면 지방의회는 불신임을 의결할 수 있다.

③ 지방의회는 새로운 재정부담을 수반하는 조례나 안건을 의결하려면 미리 지방자치단체의 장의 의견을 들어야 한다.

④ 행정안전부장관은 지방자치단체의 자치사무에 관하여 보고를 받거나 서류·장부 또는 회계를 감사할 수 있으며, 이 경우 감사는 자치사무의 합목적성 및 법령위반사항에 대하여 실시한다.

24 ①

㉠ [O] 헌법재판소법 제41조(위헌 여부 심판의 제청)
　① 법률이 헌법에 위반되는지 여부가 재판의 전제가 된 경우에는 당해 사건을 담당하는 법원(군사법원을 포함한다. 이하 같다)은 직권 또는 당사자의 신청에 의한 결정으로 헌법재판소에 위헌 여부 심판을 제청한다.

㉡ [O] 헌법재판소법 제42조(재판의 정지 등)
　① 법원이 법률의 위헌 여부 심판을 헌법재판소에 제청한 때에는 당해 소송사건의 재판은 헌법재판소의 위헌 여부의 결정이 있을 때까지 정지된다. 다만, 법원이 긴급하다고 인정하는 경우에는 종국재판 외의 소송절차를 진행할 수 있다.

㉢ [X] 법률과 동일한 효력을 갖는 조약 등을 위헌법률심판의 대상으로 삼는 것은 헌법을 최고규범으로 하는 법질서의 통일성과 법적 안정성을 확보할 수 있을 뿐만 아니라, 합헌적인 법률에 의한 재판을 가능하게 하여 궁극적으로는 국민의 기본권 보장에 기여할 수 있다. 그런데 이 사건 관습법은 민법 시행 이전에 상속을 규율하는 법률이 없는 상황에서 재산상속에 관하여 적용된 규범으로서 비록 형식적 의미의 법률은 아니지만 실질적으로는 법률과 같은 효력을 갖는 것이므로 위헌법률심판의 대상이 된다(헌재[전] 2013. 2. 28. 2009헌바129).

㉣ [X] 법원의 제청에 의한 위헌법률심판절차에 있어서 문제되는 법률 또는 법률조항이 재판의 전제성 요건을 갖추고 있는지의 여부는 되도록 제청법원의 이에 관한 법률적 견해를 존중해야 하겠지만, 재판의 전제성에 관한 제청법원의 법률적 견해가 명백히 유지될 수 없는 때에는 헌법재판소는 이를 직권으로 조사할 수 있으며, 그 결과 전제성이 없다고 판단된다면 얼마든지 그 위헌제청을 부적법한 것으로 각하할 수 있다(헌재 1993. 5. 13. 92헌가10)

25 ④

① [O] 지방자치법 제110조(부지사 · 부시장 · 부군수 · 부구청장)
　④ 시의 부시장, 군의 부군수, 자치구의 부구청장은 일반직 지방공무원으로 보하되, 그 직급은 대통령령으로 정하며 시장 · 군수 · 구청장이 임명한다.

② [O] 지방자치법 제55조(의장불신임의 의결)
　① 지방의회의 의장이나 부의장이 법령을 위반하거나 정당한 사유 없이 직무를 수행하지 아니하면 지방의회는 불신임을 의결할 수 있다.

③ [O] 지방자치법 제132조(재정부담을 수반하는 조례제정 등) … 지방의회는 새로운 재정부담을 수반하는 조례나 안건을 의결하려면 미리 지방자치단체의 장의 의견을 들어야 한다.

④ [X] 지방자치법 제171조(지방자치단체의 자치사무에 대한 감사)
　① 행정안전부장관이나 시 · 도지사는 지방자치단체의 자치사무에 관하여 보고를 받거나 서류 · 장부 또는 회계를 감사할 수 있다. 이 경우 감사는 법령위반사항에 대하여만 실시한다.

01 헌법상 경제질서에 대한 설명으로 옳지 않은 것은? (다툼이 있는 경우 판례에 의함)

① 국방상 또는 국민경제상 긴절한 필요로 인하여 법률이 정하는 경우에는, 사영기업을 국유 또는 공유로 이전하거나 그 경영을 통제 또는 관리할 수 있다.

② 농업생산성의 제고와 농지의 합리적인 이용을 위하거나 불가피한 사정으로 발생하는 농지의 임대차와 위탁경영은 법률이 정하는 바에 의하여 인정된다.

③ 우리 헌법의 경제질서는 사유재산제를 바탕으로 하고 자유경쟁을 존중하는 자유시장 경제질서를 기본으로 하면서도 이에 수반되는 갖가지 모순을 제거하고 사회복지·사회정의를 실현하기 위하여 국가적 규제와 조정을 용인하는 사회적 시장경제질서로서의 성격을 띠고 있다.

④ 헌법 제123조 제5항은 국가에게 '농·어민의 자조조직을 육성할 의무'와 '자조조직의 자율적 활동과 발전을 보장할 의무'를 아울러 규정하고 있는데, 국가가 농·어민의 자조조직을 적극적으로 육성하여야 할 의무까지도 수행하여야 한다고 볼 수 없다.

02 재판을 받을 권리에 대한 설명으로 옳지 않은 것은? (다툼이 있는 경우 판례에 의함)

① 헌법은 재판의 전심절차로서 행정심판을 할 수 있다고 규정하고 있다.

② 국가의 안전보장 또는 안녕질서를 방해하거나 선량한 풍속을 해할 염려가 있을 때에는 당사자의 청구가 있어야만 법원의 결정에 의해서 심리를 공개하지 않을 수 있다.

③ 재판을 받을 권리에 국민참여재판을 받을 권리가 포함되는 것은 아니다.

④ 군인 또는 군무원이 아닌 국민은 비상계엄이 선포된 경우 군사법원의 재판을 받을 수 있다.

01 ④

① [O] 헌법 제126조 ⋯ 국방상 또는 국민경제상 긴절한 필요로 인하여 법률이 정하는 경우를 제외하고는, 사영기업을 국유 또는 공유로 이전하거나 그 경영을 통제 또는 관리할 수 없다.

② [O] 헌법 제121조

② 농업생산성의 제고와 농지의 합리적인 이용을 위하거나 불가피한 사정으로 발생하는 농지의 임대차와 위탁경영 은 법률이 정하는 바에 의하여 인정된다.

③ [O] 우리 헌법의 경제질서는 사유재산제를 바탕으로 하고 자유경쟁을 존중하는 자유시장 경제질서를 기본으로 하면서도 이에 수반되는 갖가지 모순을 제거하고 사회복지·사회정의를 실현하기 위하여 국가적 규제와 조정을 용인하는 사회적 시장경제질서로서의 성격을 띠고 있다(헌재 1996. 4. 25. 92헌바47)

④ [X] 헌법 제123조 제5항은 국가에게 "농·어민의 자조조직을 육성할 의무"와 "자조조직의 자율적 활동과 발전을 보장할 의무"를 아울러 규정하고 있는데, 이러한 국가의 의무는 자조조직이 제대로 활동하고 기능하는 시기에는 그 조직의 자율성을 침해하지 않도록 하는 후자의 소극적 의무를 다하면 된다고 할 수 있지만, <u>그 조직이 제대로 기능하지 못하고 향후의 전망도 불확실한 경우라면 단순히 그 조직의 자율성을 보장하는 것에 그쳐서는 아니 되고, 적극적으로 이를 육성하여야 할 전자의 의무까지도 수행하여야 한다</u>(헌재[전] 2000. 6. 1. 99헌마553).

02 ②

① [O] 헌법 제107조

③ 재판의 전심절차로서 행정심판을 할 수 있다. 행정심판의 절차는 법률로 정하되, 사법절차가 준용되어야 한다.

② [X] 헌법 제109조 ⋯ 재판의 심리와 판결은 공개한다. 다만, 심리는 국가의 안전보장 또는 안녕질서를 방해하거나 선량한 풍속을 해할 염려가 있을 때에는 법원의 결정으로 공개하지 아니할 수 있다.

③ [O] 우리 헌법상 헌법과 법률이 정한 법관에 의한 재판을 받을 권리는 직업법관에 의한 재판을 주된 내용으로 하는 것이 므로 <u>국민참여재판을 받을 권리가 헌법 제27조 제1항에서 규정한 재판을 받을 권리의 보호범위에 속한다고 볼 수 없다</u>(헌재[전] 2009. 11. 26. 2008헌바12).

④ [O] 헌법 제27조

② 군인 또는 군무원이 아닌 국민은 대한민국의 영역안에서는 중대한 군사상 기밀·초병·초소·유독음식물공급·포로·군용물에 관한 죄중 법률이 정한 경우와 비상계엄이 선포된 경우를 제외하고는 군사법원의 재판을 받지 아니한다.

03 국회의원에 대한 설명으로 옳은 것은?

① 국회의원의 임기가 개시된 후에 실시하는 선거에 의한 국회의원의 임기는 당선이 결정된 때의 다음 날부터 개시되며 전임자의 잔임기간으로 한다.

② 국회의원은 현행범인인 경우라도 국회의 동의가 있어야만 회기 중 체포 또는 구금된다.

③ 국회의원은 국회에서 직무상 행한 발언과 표결에 관하여 국회 내에서 책임을 지지 아니한다.

④ 국회의원에 대한 국회의 징계처분에 대해서는 법원에 제소할 수 없다.

04 대통령에 대한 설명으로 옳지 않은 것은? (다툼이 있는 경우 판례에 의함)

① 국회의 국무총리 해임건의는 대통령을 기속하는 해임결의권이 아니라, 아무런 법적 구속력이 없는 단순한 해임건의에 불과하다.

② 대통령은 내란 또는 외환의 죄를 범한 경우를 제외하고는 재직중 형사상의 소추를 받지 아니한다.

③ 대통령은 통일과 관련한 중요정책에 대하여 자신의 신임과 연계하여 국민투표에 붙일 수 있다.

④ 대통령이 일반사면을 명하려면 국회의 동의를 얻어야 한다.

03 ④

① [X] 공직선거법 제14조

　　② 국회의원과 지방의회의원의 임기는 총선거에 의한 전임의원의 임기만료일의 다음 날부터 개시된다. 다만, 의원의 임기가 개시된 후에 실시하는 선거와 지방의회의원의 증원선거에 의한 의원의 임기는 당선이 결정된 때부터 개시되며 전임자 또는 같은 종류의 의원의 잔임기간으로 한다.

② [X] 헌법 제44조

　　① 국회의원은 현행범인인 경우를 제외하고는 회기중 국회의 동의없이 체포 또는 구금되지 아니한다.

③ [X] 헌법 제45조 … 국회의원은 국회에서 직무상 행한 발언과 표결에 관하여 국회외에서 책임을 지지 아니한다.

④ [O] 헌법 제64조

　　② 국회는 의원의 자격을 심사하며, 의원을 징계할 수 있다.

　　④ 제2항과 제3항의 처분에 대하여는 법원에 제소할 수 없다.

04 ③

① [O] 국회는 국무총리나 국무위원의 해임을 건의할 수 있으나(헌법 제63조), 국회의 해임건의는 대통령을 기속하는 해임결의권이 아니라, 아무런 법적 구속력이 없는 단순한 해임건의에 불과하다(헌재[전] 2004. 5. 14. 2004헌나1).

② [O] 헌법 제84조 … 대통령은 내란 또는 외환의 죄를 범한 경우를 제외하고는 재직중 형사상의 소추를 받지 아니한다.

③ [X] 역사적으로 볼 때 다수의 국가에서 집권자가 국민투표를 통하여 자신에 대한 국민의 신임을 물음으로써, 자신의 정치적 입지를 강화하는 데 이용한 사례가 허다하였다. 이러한 점에서 우리 헌법은 제72조의 국민투표의 대상을 명시적으로 '정책'에 한정하고 이로써 국민투표가 역사상 민주주의의 발전에 해악을 끼친 신임투표가 되어서는 아니될 것임을 선언하고 있는 것이다(헌재[전]2003. 11. 27. 2003헌마694).

④ [O] 헌법 제79조

　　② 일반사면을 명하려면 국회의 동의를 얻어야 한다.

05 입법절차에 대한 설명으로 옳지 않은 것은?

① 국회에 제출된 법률안은 회기 중에 의결되지 못한 이유로 폐기되지 아니하나, 국회의원의 임기가 만료된 때에는 그러하지 아니하다.

② 대통령은 법률안의 일부에 대하여 국회에 재의를 요구할 수 있으나, 법률안을 수정하여 재의를 요구할 수는 없다.

③ 국회에서 의결된 법률안이 정부에 이송되어 15일 이내에 대통령이 법률안에 대하여 국회에 재의 요구를 하면 국회는 재의에 붙이고, 국회가 재적의원 과반수의 출석과 출석의원 3분의 2 이상의 찬성으로 전과 같은 의결을 하면 그 법률안은 법률로서 확정된다.

④ 국회에서 의결된 법률안이 정부로 이송되어 15일 이내에 대통령이 공포나 재의의 요구를 하지 않으면 그 법률안은 법률로서 확정된다.

06 헌법재판소에 대한 설명으로 옳은 것은?

① 헌법재판소 재판관은 탄핵 또는 금고 이상의 형의 선고에 의하지 아니하고는 파면되지 아니한다.

② 헌법재판소장은 지정재판부를 두어 위헌법률심판의 사전심사를 담당하게 할 수 있다.

③ 헌법재판소 재판관은 헌법재판소장의 제청으로 대통령이 임명한다.

④ 헌법재판소 재판관 중 국회에서 선출되는 3인은 정당에 가입을 할 수 있다.

05 ②

① [O] 헌법 제51조 ··· 국회에 제출된 법률안 기타의 의안은 회기중에 의결되지 못한 이유로 폐기되지 아니한다. 다만, 국회의원의 임기가 만료된 때에는 그러하지 아니하다.

② [X] 헌법 제53조

③ 대통령은 법률안의 일부에 대하여 또는 법률안을 수정하여 재의를 요구할 수 없다.

③ [O] 헌법 제53조

④ 재의의 요구가 있을 때에는 국회는 재의에 붙이고, 재적의원과반수의 출석과 출석의원 3분의 2 이상의 찬성으로 전과 같은 의결을 하면 그 법률안은 법률로서 확정된다.

④ [O] 헌법 제53조

① 국회에서 의결된 법률안은 정부에 이송되어 15일 이내에 대통령이 공포한다.

⑤ 대통령이 제1항의 기간내에 공포나 재의의 요구를 하지 아니한 때에도 그 법률안은 법률로서 확정된다.

06 ①

① [O] 헌법 제112조

③ 헌법재판소 재판관은 탄핵 또는 금고 이상의 형의 선고에 의하지 아니하고는 파면되지 아니한다.

② [X] 헌법재판소법 제72조(사전심사)

① 헌법재판소장은 헌법재판소에 재판관 3명으로 구성되는 지정재판부를 두어 <u>헌법소원심판의 사전심사를</u> 담당하게 할 수 있다.

③ [X] 헌법 제111조

② 헌법재판소는 법관의 자격을 가진 9인의 재판관으로 구성하며, 재판관은 대통령이 임명한다.

④ [X] 헌법 제112조

② 헌법재판소 재판관은 정당에 가입하거나 정치에 관여할 수 없다.

07 헌법을 개정하여야만 할 수 있는 것은?

① 감사원의 감사위원을 12인으로 한다.

② 국회의원 수를 400인으로 한다.

③ 국무위원 수를 15인으로 한다.

④ 대법관 수를 12인으로 한다.

08 대법원에 대한 설명으로 옳지 않은 것은?

① 대법원은 법률에서 저촉되지 아니하는 범위 안에서 소송에 관한 절차, 법원의 내부규율과 사무처리에 관한 규칙을 제정할 수 있다.

② 대법원장의 임기는 6년으로 중임할 수 없지만, 대법관의 임기는 6년으로 법률이 정하는 바에 의하여 연임할 수 있다.

③ 대법원에는 대법관을 두지만, 법률이 정하는 바에 의하여 대법관이 아닌 법관을 둘 수도 있다.

④ 대통령, 국회의원, 지방자치단체의 장 및 지방의회의원 선거에 있어서 당선의 효력에 이의가 있는 선거인은 대법원에 소를 제기할 수 있다.

07 ①

① [O] 헌법 제98조

　　① 감사원은 원장을 포함한 <u>5인 이상 11인 이하의 감사위원으로 구성한다.</u>

② [X] 헌법 제41조

　　② 국회의원의 수는 법률로 정하되, 200인 이상으로 한다.

③ [X] 헌법 제88조

　　② 국무회의는 대통령·국무총리와 15인 이상 30인 이하의 국무위원으로 구성한다.

④ [X] 헌법 제102조

　　② 대법원에 대법관을 둔다. 다만, 법률이 정하는 바에 의하여 대법관이 아닌 법관을 둘 수 있다.

　　③ 대법원과 각급법원의 조직은 법률로 정한다.

- 헌법은 대법관의 수를 명시하고 있지 않으며, 그 조직에 대해서는 법률에 위임하고 있다. 이에 따라 법원조직법은 대법관의 수를 대법원장을 포함하여 14명으로 규정하고 있다.

08 ④

① [O] 헌법 제108조 … 대법원은 법률에 저촉되지 아니하는 범위안에서 소송에 관한 절차, 법원의 내부규율과 사무처리에 관한 규칙을 제정할 수 있다.

② [O] 헌법 제105조

　　① 대법원장의 임기는 6년으로 하며, <u>중임할 수 없다.</u>

　　② 대법관의 임기는 6년으로 하며, 법률이 정하는 바에 의하여 <u>연임할 수 있다.</u>

③ [O] 헌법 제102조

　　② 대법원에 대법관을 둔다. 다만, 법률이 정하는 바에 의하여 대법관이 아닌 법관을 둘 수 있다.

④ [X] 공직선거법 제223조(당선소송)

　　① <u>대통령선거 및 국회의원선거에 있어서</u> 당선의 효력에 이의가 있는 정당(후보자를 추천한 정당에 한한다) 또는 후보자는 당선인결정일부터 30일 이내에 …… 대법원에 소를 제기할 수 있다.

　　② 지방의회의원 및 지방자치단체의 장의 선거에 있어서 당선의 효력에 관한 제220조의 결정에 불복이 있는 소청인 또는 당선인인 피소청인은 …… <u>그 선거구를 관할하는 고등법원에 소를 제기할 수 있다.</u>

09 직업의 자유에 대한 설명으로 옳지 않은 것은? (다툼이 있는 경우 판례에 의함)

① 직업의 자유는 영업의 자유와 기업의 자유를 포함하고, 이러한 영업 및 기업의 자유를 근거로 원칙적으로 누구나가 자유롭게 경쟁에 참여할 수 있다.

② 직업의 자유는 직장선택의 자유를 포함하며, 직장선택의 자유는 원하는 직장을 제공하여 줄 것을 청구하거나 한번 선택한 직장의 존속보호를 청구할 권리를 보장하는 것이다.

③ 공무담임권은 국가 등에게 능력주의를 존중하는 공정한 공직자 선발을 요구할 수 있는 권리라는 점에서 직업선택의 자유보다는 그 기본권의 효과가 현실적·구체적이므로, 공직을 직업으로 선택하는 경우에 있어서 직업선택의 자유는 공무담임권을 통해서 그 기본권보호를 받게 된다.

④ 복수면허 의료인에게 양방이든 한방이든 하나의 의료기관만을 개설하도록 하는 것은 복수면허 의료인들의 직업의 자유를 침해한다.

10 권한쟁의심판에 대한 설명으로 옳지 않은 것은?

① 권한쟁의심판 청구는 그 사유가 있음을 안 날로부터 60일 이내에, 그 사유가 있은 날로부터 180일 이내에 하여야 한다.

② 권한쟁의심판은 재판관 7인 이상의 출석으로 심리하며 종국심리에 관여한 재판관 과반수의 찬성으로 결정한다.

③ 권한쟁의심판에 있어서 국가기관 또는 지방자치단체의 처분을 취소하는 헌법재판소의 결정은 그 처분의 상대방에 대하여 이미 생긴 효력에 영향을 미친다.

④ 헌법재판소는 청구인의 신청에 의하여 종국결정의 선고 시까지 심판 대상이 된 피청구인의 처분의 효력을 정지하는 결정을 할 수 있다.

09 ②

① [O] 직업의 자유는 영업의 자유와 기업의 자유를 포함하고, 이러한 영업 및 기업의 자유를 근거로 원칙적으로 누구나가 자유롭게 경쟁에 참여할 수 있다(헌재[전] 1996. 12. 26. 선고 96헌가18).

② [X] 이러한 직장선택의 자유는 자신이 선택한 직업분야에서 구체적인 취업의 기회를 가지거나 이미 형성된 근로관계를 계속 유지하거나 포기함에 있어 국가의 방해를 받지 않는 자유로운 선택과 결정을 보호하는 것을 내용으로 한다. 그러나, 이 기본권은 <u>원하는 직장을 제공하여 줄 것을 청구하거나 한번 선택한 직장의 존속보호를 청구할 권리를 보장하지 않으며</u>, 또한 사용자의 처분에 따른 직장 상실로부터 직접 보호하여 줄 것을 청구할 수도 없다(헌재 2002. 11. 28. 2001헌바50)

③ [O] 공직을 직업으로 선택하는 경우 직업선택의 자유는 <u>공직취임권인 공무담임권을 통해서 보호받게 되고</u>, 공무담임권은 공직취임권과 함께 공직선거에 입후보하여 당선될 수 있는 피선거권을 포괄한다(헌재 2001. 2. 22. 2000헌마25).

④ [O] 그런데 복수면허 의료인은 의과 대학과 한의과 대학을 각각 졸업하고, 의사와 한의사 자격 국가고시에 모두 합격하였다. …… 복수면허 의료인들에게 단수면허 의료인과 같이 하나의 의료기관만을 개설할 수 있다고 한 이 사건 법률 조항은 '다른 것을 같게' 대우하는 것으로 합리적인 이유를 찾기 어렵다(헌재[전] 2007. 12. 27. 2004헌마1021).

10 ③

① [O] 헌법재판소법 제63조(청구기간)
　① 권한쟁의의 심판은 그 사유가 있음을 안 날부터 60일 이내에, 그 사유가 있은 날부터 180일 이내에 청구하여야 한다.

② [O] 헌법재판소법 제23조(심판정족수)
　① 재판부는 재판관 7명 이상의 출석으로 사건을 심리한다.
　② 재판부는 종국심리(終局審理)에 관여한 재판관 과반수의 찬성으로 사건에 관한 결정을 한다. 다만, 다음 각 호의 어느 하나에 해당하는 경우에는 재판관 6명 이상의 찬성이 있어야 한다.
　　1. 법률의 위헌결정, 탄핵의 결정, 정당해산의 결정 또는 헌법소원에 관한 인용결정을 하는 경우
　　2. 종전에 헌법재판소가 판시한 헌법 또는 법률의 해석 적용에 관한 의견을 변경하는 경우

③ [X] 헌법재판소법 제67조(결정의 효력)
　② 국가기관 또는 지방자치단체의 처분을 취소하는 결정은 그 처분의 상대방에 대하여 <u>이미 생긴 효력에 영향을 미치지 아니한다.</u>

④ [O] 헌법재판소법 제65조(가처분) … 헌법재판소가 권한쟁의심판의 청구를 받았을 때에는 직권 또는 청구인의 신청에 의하여 종국결정의 선고 시까지 심판 대상이 된 피청구인의 처분의 효력을 정지하는 결정을 할 수 있다.

11 선거관리위원회에 대한 설명으로 옳지 않은 것은?

① 선거와 국민투표의 공정한 관리 및 정당에 관한 사무를 처리하기 위하여 선거관리위원회를 둔다.

② 중앙선거관리위원회는 대통령이 임명하는 3인, 국회에서 선출하는 3인과 대법원장이 지명하는 3인의 위원으로 구성한다.

③ 중앙선거관리위원회 위원장은 국회의 동의를 얻어 대통령이 임명한다.

④ 중앙선거관리위원회는 법령의 범위 안에서 선거관리·국민투표 관리 또는 정당사무에 관한 규칙을 제정할 수 있으며, 법률에 저촉되지 아니하는 범위 안에서 내부규율에 관한 규칙을 제정할 수 있다.

12 국회에 대한 설명으로 옳지 않은 것은?

① 국회는 본회의 의결로 국무총리, 국무위원 또는 정부위원의 출석을 요구할 수 있다.

② 정기회의 회기는 100일을, 임시회의 회기는 30일을 초과할 수 없고, 임시회는 대통령 또는 국회 재적의원 5분의 1 이상의 요구에 의하여 집회된다.

③ 탄핵심판에서는 국회 법제사법위원회의 위원장이 소추위원이 된다.

④ 국회는 매년 정기회 집회일 이전에 국정감사 시작일부터 30일 이내의 기간을 정하여 국정감사를 실시하나, 본회의 의결로 정기회 기간 중에 국정감사를 실시할 수 있다.

11 ③

① [O] 헌법 제114조

　　① 선거와 국민투표의 공정한 관리 및 정당에 관한 사무를 처리하기 위하여 선거관리위원회를 둔다.

② [O] ③ [X] 헌법 제114조

　　② 중앙선거관리위원회는 대통령이 임명하는 3인, 국회에서 선출하는 3인과 대법원장이 지명하는 3인의 위원으로 구성한다. <u>위원장은 위원중에서 호선한다.</u>

④ [O] 헌법 제114조

　　⑥ 중앙선거관리위원회는 법령의 범위안에서 선거관리·국민투표관리 또는 정당사무에 관한 규칙을 제정할 수 있으며, 법률에 저촉되지 아니하는 범위안에서 내부규율에 관한 규칙을 제정할 수 있다.

12 ②

① [O] 국회법 제121조(국무위원 등의 출석 요구)

　　① 본회의는 의결로 국무총리, 국무위원 또는 정부위원의 출석을 요구할 수 있다. 이 경우 그 발의는 의원 20명 이상이 이유를 구체적으로 밝힌 서면으로 하여야 한다.

② [X] 헌법 제47조

　　① 국회의 정기회는 법률이 정하는 바에 의하여 매년 1회 집회되며, 국회의 임시회는 대통령 또는 <u>국회재적의원 4분의 1 이상의 요구에 의하여 집회</u>된다.

　　② 정기회의 회기는 100일을, 임시회의 회기는 30일을 초과할 수 없다.

③ [O] 헌법재판소법 제49조(소추위원)

　　① 탄핵심판에서는 국회 법제사법위원회의 위원장이 소추위원이 된다.

④ [O] 국정감사 및 조사에 관한 법률 제2조(국정감사)

　　① 국회는 국정전반에 관하여 소관 상임위원회별로 매년 <u>정기회 집회일 이전에 국정감사(이하 "감사"라 한다) 시작일부터 30일 이내의 기간을 정하여 감사를 실시한다. 다만, 본회의 의결로 정기회 기간 중에 감사를 실시할 수 있다.</u>

13 정당에 대한 설명으로 옳지 않은 것은?

① 정당은 그 목적·조직과 활동이 민주적이어야 하며, 국민의 정치적 의사형성에 참여하는 데 필요한 조직을 가져야 한다.

② 정당의 목적이나 활동이 민주적 기본질서에 위배될 때에는 정부는 헌법재판소에 그 해산을 제소할 수 있고, 정당은 헌법재판소의 심판에 의하여 해산된다.

③ 정당의 해산을 명하는 헌법재판소의 결정은 국회가 「정당법」에 따라 집행한다.

④ 정당은 법률이 정하는 바에 의하여 국가의 보호를 받으며, 국가는 법률이 정하는 바에 의하여 정당운영에 필요한 자금을 보조할 수 있다.

14 감사원에 대한 설명으로 옳은 것은?

① 감사원장이 사고로 인하여 직무를 수행할 수 없을 때에는 감사위원 중 연장자가 그 직무를 대행한다.

② 국가의 세입·세출의 결산, 국가 및 법률이 정한 단체의 회계검사와 행정기관 및 공무원의 직무에 관한 감찰을 하기 위하여 국무총리 소속하에 감사원을 둔다.

③ 감사원장과 감사위원은 모두 70세를 정년으로 한다.

④ 감사원은 세입·세출의 결산을 매년 검사하여 대통령과 차년도 국회에 그 결과를 보고하여야 한다.

13 ③

① [O] 헌법 제8조

　② 정당은 그 목적·조직과 활동이 민주적이어야 하며, 국민의 정치적 의사형성에 참여하는데 필요한 조직을 가져야 한다.

② [O] 헌법 제8조

　④ 정당의 목적이나 활동이 민주적 기본질서에 위배될 때에는 정부는 헌법재판소에 그 해산을 제소할 수 있고, 정당은 헌법재판소의 심판에 의하여 해산된다.

③ [X] 헌법재판소법 제60조(결정의 집행) … 정당의 해산을 명하는 헌법재판소의 결정은 <u>중앙선거관리위원가</u> 「정당법」에 따라 집행한다.

④ [O] 헌법 제8조

　③ 정당은 법률이 정하는 바에 의하여 국가의 보호를 받으며, 국가는 법률이 정하는 바에 의하여 정당운영에 필요한 자금을 보조할 수 있다.

14 ④

① [X] 감사원법 제4조(원장)

　③ 원장이 사고로 인하여 직무를 수행할 수 없을 때에는 감사위원으로 <u>최장기간 재직한 감사위원이 그 직무를 대행한다</u>. 다만, 재직기간이 같은 감사위원이 2명 이상인 경우에는 연장자가 그 직무를 대행한다.

② [X] 헌법 제97조 … 국가의 세입·세출의 결산, 국가 및 법률이 정한 단체의 회계검사와 행정기관 및 공무원의 직무에 관한 감찰을 하기 위하여 대통령 소속하에 감사원을 둔다.

③ [X] 감사원법 제6조(임기 및 정년)

　② 감사위원의 정년은 65세로 한다. 다만, 원장인 감사위원의 정년은 70세로 한다.

④ [O] 헌법 제99조 … 감사원은 세입·세출의 결산을 매년 검사하여 대통령과 차년도국회에 그 결과를 보고하여야 한다.

15 근로기본권에 대한 설명으로 옳지 않은 것은? (다툼이 있는 경우 판례에 의함)

① 청원경찰은 일반근로자일 뿐 공무원이 아니므로, 이들의 근로3권을 전면적으로 제한하는 것은 헌법에 위반된다.

② 헌법에서는 국가유공자의 유가족, 상이군경의 유가족 및 전몰군경의 유가족은 법률이 정하는 바에 의하여 우선적으로 근로의 기회를 부여받는다고 규정하고 있다.

③ 근로의 권리란 인간이 자신의 의사와 능력에 따라 근로관계를 형성하고, 타인의 방해를 받음이 없이 근로관계를 계속 유지하며, 근로의 기회를 얻지 못한 경우에는 국가에 대하여 근로의 기회를 제공하여 줄 것을 요구할 수 있는 권리를 말한다.

④ 근로의 권리는 사회적 기본권으로서, 국가에 대하여 직접 일자리를 청구하거나 일자리에 갈음하는 생계비의 지급청구권을 의미하는 것이 아니다.

16 양심의 자유에 대한 설명으로 옳지 않은 것은? (다툼이 있는 경우 판례에 의함)

① 양심의 자유는 내심에서 우러나오는 윤리적 확신과 이에 반하는 외부적 법질서의 요구가 서로 회피할 수 없는 상태로 충돌할 때에만 침해될 수 있다.

② 양심형성의 자유와 양심적 결정의 자유는 내심에 머무르는 한 절대적 자유라고 할 수 있지만, 양심실현의 자유는 상대적 자유라고 할 수 있다.

③ 양심에는 세계관·인생관·주의·신조 등은 물론, 이에 이르지 아니하여도 보다 널리 개인의 인격형성에 관계되는 내심에 있어서의 가치적·윤리적 판단도 포함될 수 있으나, 단순한 사실관계의 확인과 같이 가치적·윤리적 판단이 개입될 여지가 없는 경우는 그 보호대상이 아니다.

④ 특정한 내적인 확신 또는 신념이 양심으로 형성된 이상 그 내용 여하를 떠나 양심의 자유에 의해 보호되는 양심이 될 수 있으므로, 헌법상 양심의 자유에 의해 보호받는 양심으로 인정할 것인지의 판단은 그것이 깊고, 확고하며, 진실된 것인지 여부와 관계없다.

15 ②

① [O] 청원경찰은 특정 경비구역에서 근무하며 그 구역의 경비에 필요한 한정된 권한만을 행사하므로, 청원경찰의 업무가 가지는 공공성이나 사회적 파급력은 군인이나 경찰의 그것과는 비교하여 견주기 어렵다. …… 이상을 종합하여 보면, 심판대상조항이 모든 청원경찰의 근로3권을 전면적으로 제한하는 것은 과잉금지원칙을 위반하여 청구인들의 근로3권을 침해하는 것이다(헌재 2017. 9. 28. 2015헌마653).

② [X] 일반 응시자의 공무담임권과의 관계를 고려할 때 헌법 제32조 제6항의 문언은 엄격하게 해석할 필요가 있고, 위 조항에 따라 우선적인 근로의 기회를 부여받는 대상자는 '국가유공자', '상이군경', 그리고 '전몰군경의 유가족'이라고 보아야 한다(헌재[전] 2012. 11. 29. 2011헌마533).

③ [O] 근로의 권리란 인간이 자신의 의사와 능력에 따라 근로관계를 형성하고, 타인의 방해를 받음이 없이 근로관계를 계속 유지하며, 근로의 기회를 얻지 못한 경우에는 국가에 대하여 근로의 기회를 제공하여 줄 것을 요구할 수 있는 권리를 말하는바, 이러한 근로의 권리는 생활의 기본적인 수요를 충족시킬 수 있는 생활수단을 확보해 주고, 나아가 인격의 자유로운 발현과 인간의 존엄성을 보장해 주는 기본권이다(헌재 1991. 7. 22. 89헌가106)

④ [O] 헌법 제32조 제1항이 규정하는 근로의 권리는 사회적 기본권으로서 국가에 대하여 직접 일자리를 청구하거나 일자리에 갈음하는 생계비의 지급청구권을 의미하는 것이 아니라 고용증진을 위한 사회적·경제적 정책을 요구할 수 있는 권리에 그치며, 근로의 권리로부터 국가에 대한 직접적인 직장존속청구권이 도출되는 것도 아니다(헌재[전] 2011. 7. 28. 2009헌마408).

16 ④

① [O] 양심의 자유는 내심에서 우러나오는 윤리적 확신과 이에 반하는 외부적 법질서의 요구가 서로 회피할 수 없는 상태로 충돌할 때에만 침해될 수 있다(헌재[전] 2002. 4. 25. 98헌마425).

② [O] 내심적 자유, 즉 양심형성의 자유와 양심적 결정의 자유는 내심에 머무르는 한 절대적 자유라고 할 수 있지만, 양심실현의 자유는 타인의 기본권이나 다른 헌법적 질서와 저촉되는 경우 헌법 제37조 제2항에 따라 국가안전보장 질서유지 또는 공공복리를 위하여 법률에 의하여 제한될 수 있는 상대적 자유라고 할 수 있다(헌재[전] 1998. 7. 16. 96헌바35).

③ [O] 헌법 제19조에서 말하는 '양심'은 옳고 그른 것에 대한 판단을 추구하는 가치적·도덕적 마음가짐으로, 개인의 소신에 따른 다양성이 보장되어야 하고 그 형성과 변경에 외부적 개입과 억압에 의한 강요가 있어서는 아니되는 인간의 윤리적 내심영역이다. 보호되어야 할 양심에는 세계관·인생관·주의·신조 등은 물론, 이에 이르지 아니하여도 보다 널리 개인의 인격형성에 관계되는 내심에 있어서의 가치적·윤리적 판단도 포함될 수 있으나, 단순한 사실관계의 확인과 같이 가치적·윤리적 판단이 개입될 여지가 없는 경우는 그 보호대상이 아니다(헌재 2002. 1. 31. 2001헌바43)

④ [X] 특정한 내적인 확신 또는 신념이 양심으로 형성된 이상 그 내용 여하를 떠나 양심의 자유에 의해 보호되는 양심이 될 수 있으므로, 헌법상 양심의 자유에 의해 보호받는 '양심'으로 인정할 것인지의 판단은 그것이 깊고, 확고하며, 진실된 것인지 여부에 따르게 된다(헌재[전] 2018. 6. 28. 2011헌바379).

17 지방자치에 대한 설명으로 옳지 않은 것은?

① 헌법재판소는 지방자치단체의 장 선거권은 헌법상 보장된 기본권이라고 판시하였다.

② 지방자치단체는 법령의 범위 안에서 그 사무에 관하여 조례를 제정할 수 있으나, 주민의 권리 제한 또는 의무 부과에 관한 사항이나 벌칙을 정할 때에는 법률의 위임이 있어야 한다.

③ 지방자치단체는 법인으로 한다.

④ 광역자치단체의 명칭 변경은 법률에 의하여야 하나, 기초자치단체의 명칭 변경은 기초자치단체의 조례나 주민투표에 의하여 할 수 있다.

18 집회의 자유에 대한 설명으로 옳지 않은 것은? (다툼이 있는 경우 판례에 의함)

① 헌법 제21조 제2항의 '허가'는 '행정청이 주체가 되어 집회의 허용 여부를 사전에 결정하는 것'으로서 행정청에 의한 사전허가는 헌법상 금지되지만, 입법자가 법률로써 일반적으로 집회를 제한하는 것은 헌법상 '사전허가금지'에 해당하지 않는다.

② 국회의사당의 경계지점으로부터 100미터 이내의 장소에서 옥외집회를 금지하는 것은 국회의 기능이나 역할에 비추어 볼 때 집회의 자유를 침해하는 것이 아니다.

③ 집회·시위 등 현장에서 집회·시위 참가자에 대한 사진이나 영상촬영 등의 행위는 집회·시위 참가자들에게 심리적 부담으로 작용하여 여론형성 및 민주적 토론절차에 영향을 주고 집회의 자유를 전체적으로 위축시키는 결과를 가져올 수 있으므로 집회의 자유를 제한한다.

④ 「집회 및 시위에 관한 법률」에서 옥외집회란 천장이 없거나 사방이 폐쇄되지 아니한 장소에서 여는 집회를 말한다.

17 ④

① [O] 헌법에서 지방자치제를 제도적으로 보장하고 있고, 지방자치는 지방자치단체가 독자적인 자치기구를 설치해서 그 자치단체의 고유사무를 국가기관의 간섭 없이 스스로의 책임 아래 처리하는 것이라는 점에서 지방자치단체의 대표인 단체장은 지방의회의원과 마찬가지로 주민의 자발적 지지에 기초를 둔 선거를 통해 선출되어야 한다.…… 그러므로 지방자치단체의 장 선거권 역시 다른 선거권과 마찬가지로 헌법 제24조에 의해 보호되는 기본권으로 인정하여야 한다(헌재 2016. 10. 27. 2014헌마797).

② [O] 지방자치법 제22조(조례) … 지방자치단체는 법령의 범위 안에서 그 사무에 관하여 조례를 제정할 수 있다. 다만, 주민의 권리 제한 또는 의무 부과에 관한 사항이나 벌칙을 정할 때에는 법률의 위임이 있어야 한다.

③ [O] 지방자치법 제3조(지방자치단체의 법인격과 관할)
　　① 지방자치단체는 법인으로 한다.

④ [X] 지방자치법 제4조(지방자치단체의 명칭과 구역)
　　① 지방자치단체의 명칭과 구역은 종전과 같이 하고, 명칭과 구역을 바꾸거나 지방자치단체를 폐지하거나 설치하거나 나누거나 합칠 때에는 법률로 정한다. 다만, 지방자치단체의 관할 구역 경계변경과 한자 명칭의 변경은 대통령령으로 정한다.

18 ②

① [O] 헌법 제21조 제2항의 '허가'는 '행정청이 주체가 되어 집회의 허용 여부를 사전에 결정하는 것'으로서 행정청에 의한 사전허가는 헌법상 금지되지만, 입법자가 법률로써 일반적으로 집회를 제한하는 것은 헌법상 '사전허가금지'에 해당하지 않는다(헌재 2001. 5. 31. 2000헌바43

② [X] 국회의사당 경계지점으로부터 100미터 이내의 장소에서의 옥외집회를 전면적으로 금지하는 심판대상조항은 국회의 헌법적 기능을 무력화시키거나 저해할 우려가 있는 집회를 금지하는 데 머무르지 않고, 그 밖의 평화적이고 정당한 집회까지 전면적으로 제한함으로써 구체적인 상황을 고려하여 상충하는 법익간의 조화를 이루려는 노력을 전혀 기울이지 않고 있다. …… 따라서 심판대상조항은 과잉금지원칙을 위반하여 집회의 자유를 침해한다(헌재[전] 2018. 5. 31. 2013헌바322).

③ [O] 집회·시위 등 현장에서 집회·시위 참가자에 대한 사진이나 영상촬영 등의 행위는 집회·시위 참가자들에게 심리적 부담으로 작용하여 여론형성 및 민주적 토론절차에 영향을 주고 집회의 자유를 전체적으로 위축시키는 결과를 가져올 수 있으므로 집회의 자유를 제한한다고 할 수 있다(헌재[전] 2018. 8. 30. 2014헌마843).

④ [O] 집회 및 시위에 관한 법률 제2조(정의) … 이 법에서 사용하는 용어의 뜻은 다음과 같다.
　　1. "옥외집회"란 천장이 없거나 사방이 폐쇄되지 아니한 장소에서 여는 집회를 말한다.

19 기본권에 대한 설명으로 옳지 않은 것은? (다툼이 있는 경우 판례에 의함)

① 영토권을 헌법소원의 대상인 기본권의 하나로 간주하는 것은 가능하다.

② '헌법전문에 기재된 3.1정신'은 헌법소원의 대상인 헌법상 보장된 기본권에 해당하지 아니한다.

③ 행복추구권 속에는 일반적 행동자유권, 개성의 자유로운 발현권이 포함되어 있다.

④ 평화적 생존권은 헌법 제10조와 제37조 제1항에 의하여 인정된 기본권으로서 침략전쟁에 강제되지 않고 평화적 생존을 할 수 있도록 국가에 요청할 수 있는 권리이다.

20 신체의 자유에 대한 설명으로 옳지 않은 것은? (다툼이 있는 경우 판례에 의함)

① 헌법은 동일한 범죄에 대하여 거듭 처벌받지 않는다고 하고 있는데, 여기서 말하는 처벌은 국가가 행하는 일체의 제재나 불이익처분을 모두 포함하는 것이다.

② 모든 국민은 고문을 받지 아니하며, 형사상 자기에게 불리한 진술을 강요당하지 아니한다.

③ 체포·구속·압수 또는 수색을 할 때에는 적법한 절차에 따라 검사의 신청에 의하여 법관이 발부한 영장을 제시하여야 한다.

④ 체포 또는 구속을 당한 자의 가족 등 법률이 정하는 자에게는 그 이유와 일시·장소가 지체없이 통지되어야 한다.

19 ④

① [O] 영토조항만을 근거로 하여 독자적으로는 헌법소원을 청구할 수 없다 할지라도, 모든 국가권능의 정당성의 근원인 국민의 기본권 침해에 대한 권리구제를 위하여 그 전제조건으로서 영토에 관한 권리를, 이를테면 영토권이라 구성하여 이를 헌법소원의 대상인 기본권의 하나로 간주하는 것은 가능하다(헌재[전] 2001. 3. 21. 99헌마139)

② [O] "헌법전문에 기재된 3.1정신"은 우리나라 헌법의 연혁적 · 이념적 기초로서 헌법이나 법률해석에서의 해석기준으로 작용한다고 할 수 있지만, 그에 기하여 곧바로 국민의 개별적 기본권성을 도출해낼 수는 없다고 할 것이므로, 헌법소원의 대상인 "헌법상 보장된 기본권"에 해당하지 아니한다(헌재[전] 2001. 3. 21. 99헌마139).

③ [O] 행복추구권은 그 구체적 표현으로서 일반적 행동자유권과 개성의 자유로운 발현권을 포함하는바, 일반적 행동자유권의 보호영역에는 개인의 생활방식과 취미에 관한 사항도 포함되며, 여기에는 위험한 스포츠를 즐길 권리도 포함된다(헌재 2003. 10. 30. 2002헌마518).

④ [X] 청구인들이 평화적 생존권이란 이름으로 주장하고 있는 평화란 헌법의 이념 내지 목적으로서 추상적인 개념에 지나지 아니하고, 평화적 생존권은 이를 헌법에 열거되지 아니한 기본권으로서 특별히 새롭게 인정할 필요성이 있다거나 그 권리내용이 비교적 명확하여 구체적 권리로서의 실질에 부합한다고 보기 어려워 헌법상 보장된 기본권이라고 할 수 없다. 종전에 헌법재판소가 이 결정과 견해를 달리하여 '평화적 생존권을 헌법 제10조와 제37조 제1항에 의하여 인정된 기본권으로서 침략전쟁에 강제되지 않고 평화적 생존을 할 수 있도록 국가에 요청할 수 있는 권리'라고 판시한 2003. 2. 23. 2005헌마268 결정은 이 결정과 저촉되는 범위 내에서 이를 변경한다(헌재[전] 2009. 5. 28. 2007헌마369).

20 ①

① [X] 헌법 제13조 제1항이 정한 "이중처벌금지 원칙"은 동일한 범죄행위에 대하여 국가가 형벌권을 거듭 행사할 수 없도록 함으로써 국민의 기본권 특히 신체의 자유를 보장하기 위한 것이므로, 그 "처벌"은 원칙으로 범죄에 대한 국가의 형벌권 실행으로서의 과벌을 의미하는 것이고, 국가가 행하는 일체의 제재나 불이익처분을 모두 그에 포함된다고 할 수는 없다(헌재[전] 1994. 6. 30. 92헌바38).

② [O] 헌법 제12조

　② 모든 국민은 고문을 받지 아니하며, 형사상 자기에게 불리한 진술을 강요당하지 아니한다.

③ [O] 헌법 제12조

　③ 체포 · 구속 · 압수 또는 수색을 할 때에는 적법한 절차에 따라 검사의 신청에 의하여 법관이 발부한 영장을 제시하여야 한다. 다만, 현행범인인 경우와 장기 3년 이상의 형에 해당하는 죄를 범하고 도피 또는 증거인멸의 염려가 있을 때에는 사후에 영장을 청구할 수 있다.

④ [O] 헌법 제12조

　⑤ 누구든지 체포 또는 구속의 이유와 변호인의 조력을 받을 권리가 있음을 고지받지 아니하고는 체포 또는 구속을 당하지 아니한다. 체포 또는 구속을 당한 자의 가족등 법률이 정하는 자에게는 그 이유와 일시 · 장소가 지체없이 통지되어야 한다.

21 대통령의 국가긴급권에 대한 설명으로 옳지 않은 것은? (다툼이 있는 경우 판례에 의함)

① 대통령은 국가의 안위에 관계되는 중대한 교전상태에 있어서 국가를 보위하기 위하여 긴급한 조치가 필요하고 국회의 집회를 기다릴 여유가 없는 때에 한하여 법률의 효력을 가지는 명령을 발할 수 있다.

② 대통령은 긴급명령을 한 때에는 지체없이 국회에 보고하여 그 승인을 얻어야 한다.

③ 대통령이 긴급명령을 발하기 위해서는 국무회의의 심의를 거쳐야 한다.

④ 대통령의 긴급재정경제명령은 국가긴급권의 일종으로서 고도의 정치적 결단에 의하여 발동되는 행위이고 그 결단을 존중하여야 할 필요성이 있는 행위라는 의미에서 통치행위에 속한다.

22 국회의 재정권한에 대한 설명으로 옳지 않은 것은? (다툼이 있는 경우 판례에 의함)

① 어떤 공적 과제에 관한 재정을 조달할 경우 조세와 부담금 중 어느 형식을 이용할 것인지를 입법자가 자유롭게 선택해서는 안 된다.

② 예산총계주의는 국가재정의 모든 수지를 예산에 반영함으로써 그 전체를 분명하게 하고 국회와 국민에 의한 재정상의 감독을 용이하게 하려는 것이다.

③ 예산은 일종의 법규범이고 법률과 마찬가지로 국회의 의결을 거쳐 제정되고 국가기관과 일반국민을 모두 구속하므로, 국회의 예산안 의결은 헌법소원의 대상이 된다.

④ 국회는 정부의 동의없이 정부가 제출한 지출예산 각항의 금액을 증가하거나 새 비목을 설치할 수 없다.

21 ①

① [X] 헌법 제76조

　② 대통령은 국가의 안위에 관계되는 <u>중대한 교전상태에 있어서</u> 국가를 보위하기 위하여 긴급한 조치가 필요하고 <u>국회의 집회가 불가능한 때에 한하여</u> 법률의 효력을 가지는 명령을 발할 수 있다.

② [O] 헌법 제76조

　③ 대통령은 제1항과 제2항의 처분 또는 명령을 한 때에는 지체없이 국회에 보고하여 그 승인을 얻어야 한다.

③ [O] 헌법 제89조 … 다음 사항은 국무회의의 심의를 거쳐야 한다.

　5. 대통령의 긴급명령·긴급재정경제처분 및 명령 또는 계엄과 그 해제

④ [O] 대통령의 긴급재정경제명령은 국가긴급권의 일종으로서 <u>고도의 정치적 결단에 의하여 발동되는 행위이고 그 결단을 존중하여야 할 필요성이 있는 행위</u>라는 의미에서 이른바 통치행위에 속한다고 할 수 있으나, 통치행위를 포함하여 모든 국가작용은 국민의 기본권적 가치를 실현하기 위한 수단이라는 한계를 반드시 지켜야 하는 것이고, …… (헌재[전] 1996. 2. 29. 93헌마186).

22 ③

① [O] 부담금은 조세에 대한 관계에서 <u>어디까지나 예외적으로만 인정되어야 하며</u>, 어떤 공적 과제에 관한 재정조달을 조세로 할 것인지 아니면 부담금으로 할 것인지에 관하여 <u>입법자의 자유로운 선택권을 허용하여서는 안 된다</u>. 부담금 납부의무자는 재정조달 대상인 공적 과제에 대하여 일반국민에 비해 '특별히 밀접한 관련성'을 가져야 하며, 부담금이 장기적으로 유지되는 경우에 있어서는 그 징수의 타당성이나 적정성이 입법자에 의해 지속적으로 심사될 것이 요구된다(헌재[전] 2004. 7. 15. 2002헌바42).

② [O] 한편 예산회계법 제18조 제2항 본문은 "세입세출은 모두 예산에 계상하여야 한다."라고 규정하여 예산총계주의원칙을 선언하고 있다. 이는 <u>국가재정의 모든 수지를 예산에 반영함으로써 그 전체를 분명하게 함과 동시에 국회와 국민에 의한 재정상의 감독을 용이하게 하자</u>는 데 그 의의가 있다(헌재[전] 2004. 7. 15. 2002헌바42).

③ [X] 예산은 일종의 법규범이고 법률과 마찬가지로 국회의 의결을 거쳐 제정되지만 법률과 달리 국가기관만을 구속할 뿐 일반국민을 구속하지 않는다. 국회가 의결한 예산 또는 국회의 예산안 의결은 헌법재판소법 제68조 제1항 <u>소정의 '공권력의 행사'에 해당하지 않고 따라서 헌법소원의 대상이 되지 아니한다</u>(헌재 2006. 4. 25. 2006헌마409).

④ [O] 헌법 제57조 … 국회는 정부의 동의없이 정부가 제출한 지출예산 각항의 금액을 증가하거나 새 비목을 설치할 수 없다.

23 대통령선거에 대한 설명으로 옳지 않은 것은?

① 대통령후보자가 1인일 때에는 그 득표수가 선거권자 총수의 3분의 1 이상이 아니면 대통령으로 당선될 수 없다.

② 대통령으로 선거될 수 있는 자는 국회의원의 피선거권이 있고 선거일 현재 45세에 달하여야 한다.

③ 헌법은 대통령의 임기가 만료되는 때에는 임기만료 70일 내지 40일 전에 후임자를 선거한다고 규정하고 있다.

④ 대통령이 궐위된 때 또는 대통령 당선자가 사망하거나 판결 기타의 사유로 그 자격을 상실한 때에는 60일 이내에 후임자를 선거한다.

24 헌법개정에 대한 설명으로 옳지 않은 것은?

① 헌법개정은 국회재적의원 3분의 1 이상 또는 대통령의 발의로 제안된다.

② 대통령의 임기연장 또는 중임변경을 위한 헌법개정은 그 헌법개정 제안 당시의 대통령에 대하여는 효력이 없다.

③ 국회는 헌법개정안이 공고된 날로부터 60일 이내에 의결하여야 하며, 국회의 의결은 재적의원 3분의 2 이상의 찬성을 얻어야 한다.

④ 헌법개정안은 국회가 의결한 후 30일 이내에 국민투표에 붙여 국회의원선거권자 과반수의 투표와 투표자 과반수의 찬성을 얻어야 한다.

25 국회의장과 부의장에 대한 설명으로 옳지 않은 것은?

① 국회의장과 부의장은 국회의 동의를 받아 그 직을 사임할 수 있다.

② 국회의장과 부의장은 특별히 법률로 정한 경우를 제외하고는 국회의원 외의 직을 겸할 수 없다.

③ 국회의원이 국회의장 또는 부의장으로 당선된 때에는 당선된 다음 날부터 국회의장 또는 부의장으로 재직하는 동안은 당적을 가질 수 없다.

④ 국회의장은 위원회에 출석하여 발언할 수 있으나 표결에는 참가할 수 없다.

23 ②

 나노해설

① [O] 헌법 제67조

    ③ 대통령후보자가 1인일 때에는 그 득표수가 선거권자 총수의 3분의 1 이상이 아니면 대통령으로 당선될 수 없다.

② [X] 헌법 제67조

    ④ 대통령으로 선거될 수 있는 자는 국회의원의 피선거권이 있고 선거일 현재 40세에 달하여야 한다.

③ [O] 헌법 제68조

    ① 대통령의 임기가 만료되는 때에는 임기만료 70일 내지 40일전에 후임자를 선거한다.

④ [O] 헌법 제68조

    ② 대통령이 궐위된 때 또는 대통령 당선자가 사망하거나 판결 기타의 사유로 그 자격을 상실한 때에는 60일 이내에 후임자를 선거한다.

24 ①

 나노해설

① [X] 헌법 제128조

    ① 헌법개정은 <u>국회재적의원 과반수</u> 또는 대통령의 발의로 제안된다.

② [O] 헌법 제128조

    ② 대통령의 임기연장 또는 중임변경을 위한 헌법개정은 그 헌법개정 제안 당시의 대통령에 대하여는 효력이 없다.

③ [O] 헌법 제130조

    ① 국회는 헌법개정안이 공고된 날로부터 60일 이내에 의결하여야 하며, 국회의 의결은 재적의원 3분의 2 이상의 찬성을 얻어야 한다.

④ [O] 헌법 제130조

    ② 헌법개정안은 국회가 의결한 후 30일 이내에 국민투표에 붙여 국회의원선거권자 과반수의 투표와 투표자 과반수의 찬성을 얻어야 한다.

25 ③

 나노해설

① [O] 국회법 제19조(의장·부의장의 사임) … 의장과 부의장은 국회의 동의를 받아 그 직을 사임할 수 있다.

② [O] 국회법 제20조(의장·부의장의 겸직 제한)

    ① 의장과 부의장은 특별히 법률로 정한 경우를 제외하고는 의원 외의 직을 겸할 수 없다.

③ [X] 국회법 제20조의2(의장의 당적 보유 금지)

    ① 의원이 의장으로 당선된 때에는 당선된 다음 날부터 의장으로 재직하는 동안은 당적을 가질 수 없다.(후략)

④ [O] 국회법 제11조(의장의 위원회 출석과 발언) … 의장은 위원회에 출석하여 발언할 수 있다. <u>다만, 표결에는 참가할 수 없다.</u>

7급
기출문제

01 명확성원칙에 대한 설명으로 옳지 않은 것은? (다툼이 있는 경우 판례에 의함)

① 모의총포의 기준을 구체적으로 정한 「총포 · 도검 · 화약류 등의 안전관리에 관한 법률 시행령」 조항에서 '범죄에 악용될 소지가 현저한 것'은 진정한 총포로 오인 · 혼동되어 위협 수단으로 사용될 정도로 총포와 모양이 유사한 것을 의미하므로 죄형법정주의 명확성원칙에 위반되지 않는다.

② 취소소송 등의 제기 시 「행정소송법」 조항의 집행정지의 요건으로 규정한 '회복하기 어려운 손해'는 건전한 상식과 통상적인 법감정을 가진 사람이 심판대상조항의 의미내용을 파악하기 어려우므로 명확성원칙에 위배된다.

③ 어린이집이 시 · 도지사가 정한 수납한도액을 초과하여 보호자로부터 필요경비를 수납한 경우, 해당 시 · 도지사는 「영유아보육법」에 근거하여 시정 또는 변경 명령을 발할 수 있는데, 이 시정 또는 변경 명령 조항의 내용으로 환불명령을 명시적으로 규정하지 않았다고 하여 명확성원칙에 위배된다고 볼 수 없다.

④ 정당한 이유 없이 이 법에 규정된 범죄에 공용(供用)될 우려가 있는 흉기나 그 밖의 위험한 물건을 휴대한 사람을 처벌하도록 규정한 「폭력행위 등 처벌에 관한 법률」 조항에서 '공용(供用)될 우려가 있는'은 흉기나 그 밖의 위험한 물건이 '사용될 위험성이 있는'의 뜻으로 해석할 수 있으므로 죄형법정주의 명확성 원칙에 위배되지 않는다.

01 ②

① [O] 이 사건 시행령 조항에서 '범죄에 악용될 소지가 현저한 것'은 진정한 총포로 오인·혼동되어 위협 수단으로 사용될 정도로 총포와 모양이 유사한 것을 의미하고, '인명·신체상 위해를 가할 우려가 있는 것'은 사람에게 상해나 사망의 결과를 가할 우려가 있을 정도로 진정한 총포의 기능과 유사한 것을 의미한다. 따라서 이 사건 시행령 조항은 문언상 그 의미가 명확하므로, 죄형법정주의의 명확성원칙에 위반되지 않는다(헌재 2018. 5. 31. 2017헌마167).

② [X] 이 사건 집행정지 요건 조항에서 집행정지 요건으로 규정한 '회복하기 어려운 손해'는 대법원 판례에 의하여 '특별한 사정이 없는 한 금전으로 보상할 수 없는 손해로서 이는 금전보상이 불능인 경우 내지는 금전보상으로는 사회관념상 행정처분을 받은 당사자가 참고 견딜 수 없거나 또는 참고 견디기가 현저히 곤란한 경우의 유형, 무형의 손해'를 의미한 것으로 해석할 수 있고, …… 이와 같이 심판대상조항은 법관의 법 보충작용을 통한 판례에 의하여 합리적으로 해석할 수 있고, 자의적인 법해석의 위험이 있다고 보기 어려우므로 명확성 원칙에 위배되지 않는다(헌재 2018. 1. 25. 2016헌바208).

③ [O] 이러한 사정을 종합하면, 심판대상조항이 규정하고 있는 '시정 또는 변경' 명령은 '영유아보육법 제38조 위반행위에 대하여 그 위법사실을 시정하도록 함으로써 정상적인 법질서를 회복하는 것을 목적으로 행해지는 행정작용'으로, 여기에는 과거의 위반행위로 인하여 취득한 필요경비 한도 초과액에 대한 환불명령도 포함됨을 어렵지 않게 예측할 수 있다. 그렇다면 심판대상조항 자체에 시정 또는 변경 명령의 내용으로 환불명령을 명시적으로 규정하지 않았다고 하여 명확성원칙에 위배된다고 볼 수 없다(헌재 2017. 12. 28. 2016헌바249).

④ [O] 심판대상조항의 '흉기'란 사람을 죽이거나 해치는 데 쓰는 도구로서, 여기에 총포나 도검과 같이 살상력이 강력한 물건이 포함될 것임은 일반인이 어렵지 않게 예측할 수 있고, '위험한 물건'이란 흉기에 해당하지는 않더라도 흉기와 유사한 정도로 사람의 생명, 신체 등을 해칠 수 있는 물건임을 수범자 입장에서 충분히 예측할 수 있다. 사회통념상 어떠한 행위가 흉기나 위험한 물건을 '휴대'한 행위인지도 충분히 알 수 있다. …… '공용될 우려가 있는'은 '사용될 위험성이 있는'의 뜻으로, 역시 흉기나 그 밖의 위험한 물건의 종류, 그 물건을 휴대한 이유, 휴대하게 된 경위, 휴대 전후의 정황 등에 따라 판단할 수 있다. 그렇다면 심판대상조항은 죄형법정주의의 명확성원칙에 위배되지 않는다(헌재 2018. 5. 31. 2016헌바250).

02 재산권에 대한 설명으로 옳지 않은 것은? (다툼이 있는 경우 판례에 의함)

① 「고엽제후유의증 환자지원 등에 관한 법률」에 의한 고엽제후유증환자 및 그 유족의 보상수급권은 법률에 의하여 비로소 인정되는 권리로서 재산권적 성질을 갖는 것이긴 하지만 그 발생에 필요한 요건이 법정되어 있는 이상 이러한 요건을 갖추기 전에는 헌법이 보장하는 재산권이라고 할 수 없다.

② 토지의 협의취득 또는 수용 후 당해 공익사업이 다른 공익 사업으로 변경되는 경우에 당해 토지의 원소유자 또는 그 포괄승계인의 환매권을 제한하고, 환매권 행사기간을 변환고시일부터 기산하도록 한 구 「공익사업을 위한 토지 등의 취득 및 보상에 관한 법률」 조항은 이들의 재산권을 침해한다.

③ 의료급여수급권은 공공부조의 일종으로서 순수하게 사회정책적 목적에서 주어지는 권리이므로 개인의 노력과 금전적 기여를 통하여 취득되는 재산권의 보호대상에 포함된다고 보기 어렵다.

④ 영화관 관람객이 입장권 가액의 100분의 3을 부담하도록 하고 영화관 경영자는 이를 징수하여 영화진흥위원회에 납부하도록 강제하는 내용의 영화상영관 입장권 부과금 제도는 영화관 관람객의 재산권을 침해하지 않는다.

03 사생활의 비밀과 자유에 대한 설명으로 옳지 않은 것은? (다툼이 있는 경우 판례에 의함)

① 엄중격리대상자의 수용거실에 CCTV를 설치하여 24시간 감시하는 행위는 교도관의 계호활동 중 육안에 의한 시선계호를 CCTV 장비에 의한 시선계호로 대체한 것에 불과하므로, 특별한 법적 근거가 없더라도 일반적인 계호활동을 허용하는 법률규정에 의하여 허용되고, 엄중격리대상자의 사생활의 비밀 및 자유를 침해하였다고 볼 수 없다.

② 흡연자들이 자유롭게 흡연할 권리를 흡연권이라고 한다면, 이러한 흡연권은 인간의 존엄과 행복추구권을 규정한 헌법 제10조와 사생활의 자유를 규정한 헌법 제17조에 의하여 뒷받침된다.

③ 금융감독원의 4급 이상 직원에 대하여 「공직자윤리법」상 재산등록의무를 부과하는 조항은 해당 업무에 대한 권한과 책임이 부여되지 아니한 3급 또는 4급 직원까지 재산등록 의무자로 규정하여 재산등록의무자의 범위를 지나치게 확대하고, 등록대상 재산의 범위도 지나치게 광범위하며, 직원 본인뿐 아니라 배우자, 직계존비속의 재산까지 등록하도록 하는 등 이들의 사생활의 비밀과 자유를 침해한다.

④ 교도소장이 수용자가 없는 상태에서 실시한 거실 및 작업장 검사행위는 교도소의 안전과 질서를 유지하고, 수형자의 교화·개선에 지장을 초래할 수 있는 물품을 차단하기 위한 것으로서 그 목적이 정당하고, 수단도 적절하며, 검사의 실효성을 확보하기 위한 최소한의 조치로 보이고, 달리 덜 제한적인 대체수단을 찾기 어려운 점 등에 비추어 보면 사생활의 비밀 및 자유를 침해하였다고 할 수 없다.

02 ②

① [O] 고엽제법에 의한 고엽제후유증환자 및 그 유족의 보상수급권은 법률에 의하여 비로소 인정되는 권리로서 재산권적 성질을 갖는 것이긴 하지만 그 발생에 필요한 요건이 법정되어 있는 이상 이러한 요건을 갖추기 전에는 헌법이 보장하는 재산권이라고 할 수 없다. 결국 고엽제법 제8조 제1항 제2호는 고엽제후유증환자의 유족이 보상수급권을 취득하기 위한 요건을 규정한 것인데, 청구인들은 이러한 요건을 충족하지 못하였기 때문에 보상수급권이라고 하는 재산권을 현재로서는 취득하지 못하였다고 할 것이다. 그렇다면 고엽제법 제8조 제1항 제2호가 평등원칙을 위반하였는지 여부는 별론으로 하고 청구인들이 이미 취득한 재산권을 침해한다고는 할 수 없다(헌재 2001. 6. 28. 99헌마516).

② [X] 이 사건 법률조항으로 인하여 제한되는 사익인 환매권은 이미 정당한 보상을 받은 소유자에게 수용된 토지가 목적사업에 이용되지 않을 경우에 인정되는 것이고, 변환된 공익사업을 기준으로 다시 취득할 수 있어, 이 사건 법률조항으로 인하여 제한되는 사익이 이로써 달성할 수 있는 공익에 비하여 중하다고 할 수 없으므로, <u>이 사건 법률조항은 과잉금지원칙에 위배되어 청구인의 재산권을 침해한다고 할 수 없다</u>(헌재 2012. 11. 29. 2011헌바49).

③ [O] 의료급여수급권은 공공부조의 일종으로서 순수하게 사회정책적 목적에서 주어지는 권리이므로 개인의 노력과 금전적 기여를 통하여 취득되는 재산권의 보호대상에 포함된다고 보기 어려워, 이 사건 시행령조항 및 시행규칙조항이 청구인들의 재산권을 침해한다고 할 수 없다(헌재 2009. 9. 24. 2007헌마1092).

④ [O] 그리고 이와 같은 정도로 제한되는 관람객의 재산권과 영화관 경영자의 직업수행의 자유에 비하여 한국영화의 발전 및 영화산업의 진흥이라는 공익이 결코 작다고 할 수 없어 법익의 균형성 또한 인정된다. 그러므로 영화상영관 입장권에 대한 부과금 제도는 과잉금지원칙에 반하여 영화관 관람객의 재산권과 영화관 경영자의 직업수행의 자유를 침해하였다고 볼 수 없다(헌재 2008. 11. 27. 2007헌마860).

03 ③

① [O] 이 사건 CCTV 설치행위는 행형법 및 교도관직무규칙 등에 규정된 교도관의 계호활동 중 육안에 의한 시선계호를 CCTV 장비에 의한 시선계호로 대체한 것에 불과하므로, 이 사건 CCTV 설치행위에 대한 특별한 법적 근거가 없더라도 일반적인 계호활동을 허용하는 법률규정에 의하여 허용된다고 보아야 한다(헌재 2008. 5. 29. 2005헌마137).

② [O] 흡연자들이 자유롭게 흡연할 권리를 흡연권이라고 한다면, 이러한 흡연권은 인간의 존엄과 행복추구권을 규정한 헌법 제10조와 사생활의 자유를 규정한 헌법 제17조에 의하여 뒷받침된다(헌재 2004. 8. 26. 2003헌마457).

③ [X] 재산등록제도는 재산공개제도와 구별되는 것이고, 재산등록사항의 누설 및 목적 외 사용 금지 등 재산등록사항이 외부에 알려지지 않도록 보호하는 조치가 마련되어 있다. 재산등록대상에 본인 외에 배우자와 직계존비속도 포함되나 이는 등록의무자의 재산은닉을 방지하기 위하여 불가피한 것이며, 고지거부제도 운용 및 혼인한 직계비속인 여자, 외조부모 등을 대상에서 제외함으로써 피해를 최소화하고 있다. 또한 이 사건 재산등록 조항에 의하여 제한되는 사생활 영역은 재산관계에 한정됨에 비하여 이를 통해 달성할 수 있는 공익은 금융감독원 업무의 투명성 및 책임성 확보 등으로 중대하므로 법익균형성도 충족하고 있다. 따라서 <u>이 사건 재산등록 조항은 청구인들의 사생활의 비밀과 자유를 침해하지 아니한다</u>(헌재 2014. 6. 26. 2012헌마331).

④ [O] 이 사건 검사행위는 교도소의 안전과 질서를 유지하고, 수형자의 교화ㆍ개선에 지장을 초래할 수 있는 물품을 차단하기 위한 것으로서 그 목적이 정당하고, 수단도 적절하며, 검사의 실효성을 확보하기 위한 최소한의 조치로 보이고, 달리 덜 제한적인 대체수단을 찾기 어려운 점 등에 비추어 보면 이 사건 검사행위가 과잉금지원칙에 위배하여 사생활의 비밀 및 자유를 침해하였다고 할 수 없다(헌재 2011. 10. 25. 2009헌마691).

04 인간다운 생활을 할 권리에 대한 설명으로 옳지 않은 것은? (다툼이 있는 경우 판례에 의함)

① 국가에게 헌법 제34조에 의하여 장애인의 복지를 위하여 노력을 해야 할 의무가 있다는 것은, 장애인도 인간다운 생활을 누릴 수 있는 정의로운 사회질서를 형성해야 할 국가의 일반적인 의무를 뜻하는 것이지, 장애인을 위하여 저상버스를 도입해야 한다는 구체적 내용의 의무가 헌법으로부터 나오는 것은 아니다.

② 구치소·치료감호시설에 수용 중인 자에 대하여 「국민기초생활보장법」에 의한 중복적인 보장을 피하기 위하여 개별가구에서 제외하기로 한 입법자의 판단이 헌법상 용인될 수 있는 재량의 범위를 일탈하여 인간다운 생활을 할 권리와 보건권을 침해한다고 볼 수 없다.

③ 인간다운 생활을 보장하기 위한 객관적인 내용의 최소한을 보장하고 있는지 여부는 특정한 법률에 의한 생계급여만을 가지고 판단하면 되고, 여타 다른 법령에 의해 국가가 최저생활보장을 위하여 지급하는 각종 급여나 각종 부담의 감면 등을 총괄한 수준으로 판단할 것을 요구하지는 않는다.

④ 국가가 인간다운 생활을 보장하기 위한 헌법적 의무를 다하였는지의 여부가 사법적 심사의 대상이 된 경우에는, 국가가 최저생활보장에 관한 입법을 전혀 하지 아니하였다든가 그 내용이 현저히 불합리하여 헌법상 용인될 수 있는 재량의 범위를 명백히 일탈한 경우에 한하여 헌법에 위반된다고 할 수 있다.

04 ③

① [○] 장애인의 복지를 향상해야 할 국가의 의무가 다른 다양한 국가과제에 대하여 최우선적인 배려를 요청할 수 없을 뿐 아니라, 나아가 헌법의 규범으로부터는 '장애인을 위한 저상버스의 도입'과 같은 구체적인 국가의 행위의무를 도출할 수 없는 것이다. 국가에게 헌법 제34조에 의하여 장애인의 복지를 위하여 노력을 해야 할 의무가 있다는 것은, 장애인도 인간다운 생활을 누릴 수 있는 정의로운 사회질서를 형성해야 할 국가의 일반적인 의무를 뜻하는 것이지, 장애인을 위하여 저상버스를 도입해야 한다는 구체적 내용의 의무가 헌법으로부터 나오는 것은 아니다(헌재 2002. 12. 18. 2002헌마52).

② [○] '형의 집행 및 수용자의 처우에 관한 법률' 및 치료감호법에 의한 구치소·치료감호시설에 수용 중인 자는 당해 법률에 의하여 생계유지의 보호와 의료적 처우를 받고 있으므로 이러한 구치소·치료감호시설에 수용 중인 자에 대하여 '국민기초생활 보장법'에 의한 중복적인 보장을 피하기 위하여 개별가구에서 제외하기로 한 입법자의 판단이 헌법상 용인될 수 있는 재량의 범위를 일탈하여 인간다운 생활을 할 권리와 보건권을 침해한다고 볼 수 없다(헌재 2012. 2. 23. 2011헌마123).

③ [X] 국가가 생활능력 없는 장애인의 인간다운 생활을 보장하기 위하여 행하는 사회부조에는 국민기초생활보장법에 의한 생계급여 지급을 통한 최저생활보장 외에 다른 법령에 의하여 행하여지는 것도 있으므로, 국가가 행하는 최저생활보장 수준이 그 재량의 범위를 명백히 일탈하였는지 여부, 즉 인간다운 생활을 보장하기 위한 객관적 내용의 최소한을 보장하고 있는지 여부는 보장법에 의한 생계급여만을 가지고 판단하여서는 아니되고, 그 외의 법령에 의거하여 국가가 최저생활보장을 위하여 지급하는 각종 급여나 각종 부담의 감면 등을 총괄한 수준으로 판단하여야 한다(헌재 2004. 10. 28. 2002헌마328).

④ [○] 국가가 인간다운 생활을 보장하기 위한 헌법적 의무를 다하였는지 여부가 사법적 심사의 대상이 된 경우에는, 국가가 최저생활보장에 관한 입법을 전혀 하지 아니하였다든가 그 내용이 현저히 불합리하여 헌법상 용인될 수 있는 재량의 범위를 명백히 벗어난 경우에 한하여 헌법에 위반된다고 할 수 있다(헌재 2012. 2. 23. 2011헌마123).

05 헌법상 기본원리에 대한 설명으로 옳은 것만을 모두 고르면? (다툼이 있는 경우 판례에 의함)

> ㉠ '책임 없는 자에게 형벌을 부과할 수 없다'는 형벌에 관한 책임주의는 형사법의 기본원리로서, 헌법상 법치국가의 원리에 내재하는 원리인 동시에, 헌법 제10조의 취지로부터 도출되는 원리이고, 법인의 경우도 자연인과 마찬가지로 책임주의원칙이 적용된다.
> ㉡ 헌법 제119조 제1항은 헌법상 경제질서에 관한 일반조항으로서 국가의 경제정책에 대한 하나의 헌법적 지침이고, 동 조항이 언급하는 경제적 자유와 창의는 직업의 자유, 재산권의 보장, 근로3권과 같은 경제에 관한 기본권 및 비례의 원칙과 같은 법치국가원리에 의하여 비로소 헌법적으로 구체화된다.
> ㉢ 사회환경이나 경제여건의 변화에 따른 필요성에 의하여 법률이 신축적으로 변할 수 있고, 변경된 새로운 법질서와 기존의 법질서 사이에 이해관계의 상충이 불가피하더라도 국민이 가지는 모든 기대 내지 신뢰는 헌법상 권리로서 보호되어야 한다.
> ㉣ 헌법의 기본원리는 헌법의 이념적 기초인 동시에 헌법을 지배하는 지도원리로서 구체적 기본권을 도출하는 근거가 될 뿐만 아니라 기본권의 해석 및 기본권 제한입법의 합헌성 심사에 있어 해석기준의 하나로서 작용한다.

① ㉠, ㉡

② ㉠, ㉢

③ ㉠, ㉡, ㉣

④ ㉡, ㉢, ㉣

06 대통령에 대한 설명으로 옳지 않은 것은? (다툼이 있는 경우 판례에 의함)

① 대통령선거에서 당선의 효력에 이의가 있는 경우, 후보자를 추천한 정당 또는 후보자는 당선인결정일부터 30일 이내에 그 사유에 따라 당선인을 피고로 하거나 그 당선인을 결정한 중앙선거관리위원회위원장 또는 국회의장을 피고로 하여 대법원에 소를 제기할 수 있다.

② 대통령은 헌법재판관, 대법관, 감사위원을 국회의 동의를 얻어 각각 임명한다.

③ 대통령 취임선서에서 규정한 '직책을 성실히 수행할 의무'는 헌법적 의무에 해당하지만, 규범적으로 그 이행이 관철될 수 있는 성격의 의무가 아니므로 원칙적으로 사법적 판단의 대상이 되기는 어렵다.

④ 대통령은 국민의 한사람으로서 제한적으로나마 기본권의 주체가 될 수 있는바, 대통령은 소속 정당을 위하여 정당활동을 할 수 있는 사인으로서의 지위와 국민 모두에 대한 봉사자로서 공익실현의 의무가 있는 헌법기관으로서의 지위를 동시에 갖는데 최소한 전자의 지위와 관련하여는 기본권 주체성을 갖는다고 할 수 있다.

05 ①

㉠ [O] 이와 같이 '책임 없는 자에게 형벌을 부과할 수 없다.'는 형벌에 관한 책임주의는 형사법의 기본원리로서, 헌법상 법치국가의 원리에 내재하는 원리인 동시에 헌법 제10조의 취지로부터 도출되는 원리이고, 법인의 경우도 자연인과 마찬가지로 책임주의원칙이 적용된다(헌재 2010. 10. 28. 2010헌가55).

㉡ [O] 헌법은 제119조에서 개인의 경제적 자유를 보장하면서 사회정의를 실현하기 위한 경제질서를 선언하고 있다. 이 규정은 헌법상 경제질서에 관한 일반조항으로서 국가의 경제정책에 대한 하나의 헌법적 지침이고, 동 조항이 언급하는 '경제적 자유와 창의'는 직업의 자유, 재산권의 보장, 근로3권과 같은 경제에 관한 기본권 및 비례의 원칙과 같은 법치국가원리에 의하여 비로소 헌법적으로 구체화된다(헌재 2002. 10. 31. 99헌바76).

㉢ [X] 다만 사회환경이나 경제여건의 변화에 따른 필요성에 의하여 법률은 신축적으로 변할 수밖에 없고, 변경된 새로운 법질서와 기존의 법질서 사이에는 이해관계의 상충이 불가피하므로 국민이 가지는 모든 기대 내지 신뢰가 헌법상 권리로서 보호될 것은 아니고, 보호 여부는 기존의 제도를 신뢰한 자의 신뢰를 보호할 필요성과 새로운 제도를 통해 달성하려고 하는 공익을 비교형량하여 판단하여야 한다(헌재 2016. 11. 9. 2014두3228).

㉣ [X] 헌법의 기본원리는 헌법의 이념적 기초인 동시에 헌법을 지배하는 지도원리로서 입법이나 정책결정의 방향을 제시하며 공무원을 비롯한 모든 국민·국가기관이 헌법을 존중하고 수호하도록 하는 지침이 되며, 구체적 기본권을 도출하는 근거로 될 수는 없으나 기본권의 해석 및 기본권제한입법의 합헌성 심사에 있어 해석기준의 하나로서 작용한다(헌재 1996. 4. 25. 92헌바47).

06 ②

① [O] 공직선거법 제223조(당선소송)

① 대통령선거 및 국회의원선거에 있어서 당선의 효력에 이의가 있는 정당(후보자를 추천한 정당에 한한다) 또는 후보자는 당선인결정일부터 30일 이내에 제52조 제1항·제3항·제4항 또는 제192조 제1항부터 제3항까지의 사유에 해당함을 이유로 하는 때에는 당선인을, 제187조(대통령당선인의 결정·공고·통지) 제1항·제2항, 제188조(지역구국회의원당선인의 결정·공고·통지) 제1항 내지 제4항, 제189조(비례대표국회의원의석의 배분과 당선인의 결정·공고·통지) 또는 제194조(당선인의 재결정과 비례대표국회의원의석 및 비례대표지방의회의원의석의 재배분) 제4항의 규정에 의한 결정의 위법을 이유로 하는 때에는 대통령선거에 있어서는 그 당선인을 결정한 중앙선거관리위원회위원장 또는 국회의장을, 국회의원선거에 있어서는 당해 선거구선거관리위원회위원장을 각각 피고로 하여 대법원에 소를 제기할 수 있다.

② [X] 헌법 제98조

② 원장은 국회의 동의를 얻어 대통령이 임명하고, 그 임기는 4년으로 하며, 1차에 한하여 중임할 수 있다.

③ 감사위원은 원장의 제청으로 대통령이 임명하고, 그 임기는 4년으로 하며, 1차에 한하여 중임할 수 있다.

③ [O] 헌법 제69조는 대통령의 취임선서의무를 규정하면서, 대통령으로서 '직책을 성실히 수행할 의무'를 언급하고 있다. 비록 대통령의 '성실한 직책수행의무'는 헌법적 의무에 해당하나, '헌법을 수호해야 할 의무'와는 달리, 규범적으로 그 이행이 관철될 수 있는 성격의 의무가 아니므로, 원칙적으로 사법적 판단의 대상이 될 수 없다고 할 것이다(헌재 2004. 5. 12. 2004헌나1).

④ [O] 개인의 지위를 겸하는 국가기관이 기본권의 주체로서 헌법소원의 청구적격을 가지는지 여부는, 심판대상조항이 규율하는 기본권의 성격, 국가기관으로서의 직무와 제한되는 기본권 간의 밀접성과 관련성, 직무상 행위와 사적인 행위 간의 구별가능성 등을 종합적으로 고려하여 결정되어야 할 것이다. 그러므로 대통령도 국민의 한사람으로서 제한적으로나마 기본권의 주체가 될 수 있는바, 대통령은 소속 정당을 위하여 정당활동을 할 수 있는 사인으로서의 지위와 국민 모두에 대한 봉사자로서 공익실현의 의무가 있는 헌법기관으로서의 지위를 동시에 갖는데 최소한 전자의 지위와 관련하여는 기본권 주체성을 갖는다고 할 수 있다(헌재 2008. 1. 17. 2007헌마700).

07 표현의 자유에 대한 설명으로 옳은 것만을 모두 고르면? (다툼이 있는 경우 판례에 의함)

> ㉠ 헌법상 군무원은 국민의 구성원으로서 정치적 표현의 자유를 보장받지만, 그 특수한
> 지위로 인하여 국가 공무원으로서 헌법 제7조에 따라 그 정치적 중립성을 준수하여야
> 할 뿐만 아니라, 나아가 국군의 구성원으로서 헌법 제5조 제2항에 따라 그 정치적 중
> 립성을 준수할 필요성이 더욱 강조되므로, 정치적 표현의 자유에 대해 일반 국민보다
> 엄격한 제한을 받을 수밖에 없다.
>
> ㉡ 일반적으로 표현의 자유는 정보의 전달 또는 전파와 관련지어 생각되므로 구체적인 전
> 달이나 전파의 상대방이 없는 집필의 단계를 표현의 자유의 보호영역에 포함시킬 것인
> 지 의문이 있을 수 있으나, 집필은 문자를 통한 모든 의사표현의 기본 전제가 된다는
> 점에서 당연히 표현의 자유의 보호영역에 속해 있다고 보아야 한다.
>
> ㉢ 건강기능식품의 기능성 광고는 인체의 구조 및 기능에 대하여 보건용도에 유용한 효과
> 를 준다는 기능성 등에 관한 정보를 널리 알려 해당 건강기능식품의 소비를 촉진시키
> 기 위한 상업광고이지만, 헌법 제21조 제1항의 표현의 자유의 보호 대상이 됨과 동시
> 에 같은 조 제2항의 사전검열 금지 대상도 된다.
>
> ㉣ 선거운동 기간 중 인터넷언론사 홈페이지의 게시판 등에 정당·후보자에 대한 지지·
> 반대의 정보를 게시할 수 있도록 하는 경우 실명확인을 위한 기술적 조치를 하도록 한
> 것은 게시판 이용자의 정치적 익명표현의 자유를 침해한다.

① ㉠, ㉡

② ㉠, ㉣

③ ㉠, ㉡, ㉢

④ ㉡, ㉢, ㉣

07 ③

 나노해설

㉠ [O] 그러므로 헌법상 군무원은 국민의 구성원으로서 정치적 표현의 자유를 보장받지만, 위와 같은 특수한 지위로 인하여 국가공무원으로서 헌법 제7조에 따라 그 정치적 중립성을 준수하여야 할 뿐만 아니라, 나아가 국군의 구성원으로서 헌법 제5조 제2항에 따라 그 정치적 중립성을 준수할 필요성이 더욱 강조되므로, 정치적 표현의 자유에 대해 일반 국민보다 엄격한 제한을 받을 수밖에 없다(헌재 2018. 7. 26. 2016헌바139).

㉡ [O] 집필행위는 사람의 내면에 있는 생각이 외부로 나타나는 첫 단계의 행위란 점에서 문자를 통한 표현행위의 가장 기초적이고도 전제가 되는 행위라 할 것이다. 일반적으로 표현의 자유는 정보의 전달 또는 전파와 관련지어 생각되므로 구체적인 전달이나 전파의 상대방이 없는 집필의 단계를 표현의 자유의 보호영역에 포함시킬 것인지 의문이 있을 수 있으나, 집필은 문자를 통한 모든 의사표현의 기본 전제가 된다는 점에서 당연히 표현의 자유의 보호영역에 속해 있다고 보아야 한다(헌재 2005. 2. 24. 2003헌마289).

㉢ [O] 헌법상 사전검열은 표현의 자유 보호대상이면 예외 없이 금지된다. 건강기능식품의 기능성 광고는 인체의 구조 및 기능에 대하여 보건용도에 유용한 효과를 준다는 기능성 등에 관한 정보를 널리 알려 해당 건강기능식품의 소비를 촉진시키기 위한 상업광고이지만, 헌법 제21조 제1항의 표현의 자유의 보호 대상이 됨과 동시에 같은 조 제2항의 사전검열 금지 대상도 된다(헌재 2019. 5. 30. 2019헌가4).

㉣ [X] 실명확인조항은 실명확인이 필요한 기간을 '선거운동기간 중'으로 한정하고, 그 대상을 '인터넷언론사 홈페이지의 게시판 · 대화방' 등에 '정당 · 후보자에 대한 지지 · 반대의 정보'를 게시하는 경우로 제한하고 있는 점, 인터넷이용자는 실명확인을 받고 정보를 게시할 것인지 여부를 선택할 수 있고 실명확인에 별다른 시간과 비용이 소요되는 것이 아닌 점, 실명확인 후에도 게시자의 개인정보가 노출되지 않고 다만 '실명인증' 표시만이 나타나는 점 등을 고려하면, 이 사건 법률조항이 과잉금지원칙에 위배되어 게시판 이용자의 정치적 익명표현의 자유, 개인정보자기결정권 및 인터넷언론사의 언론의 자유를 침해한다고 볼 수 없다(2015. 7. 30. 2012헌마734).

08 국회의 입법절차에 대한 설명으로 옳은 것은?

① 위원회는 일부개정법률안의 경우 의안이 그 위원회에 회부된 날부터 20일이 경과되지 아니한 때는 이를 상정할 수 없다.

② 위원회에 회부된 안건을 신속처리대상안건으로 지정하고자 하는 경우 의원은 재적의원 과반수가 서명한 신속처리안건 지정동의를 의장에게 제출하여야 하고 의장은 지체없이 신속처리안건지정동의를 기명투표로 표결하되 재적의원 5분의 3 이상의 찬성으로 의결한다.

③ 제정법률안과 전부개정법률안에 대해서 위원회 의결로 축조심사를 생략할 수 있으나, 공청회 또는 청문회는 생략할 수 없다.

④ 의원은 무제한토론을 실시하는 안건에 대하여 재적의원 3분의 1 이상의 서명으로 무제한토론의 종결동의(終結動議)를 의장에게 제출할 수 있다.

09 역대 헌법에 대한 설명으로 옳지 않은 것은?

① 1948년 제헌헌법에서 국회의원의 임기와 국회에서 선거되는 대통령의 임기는 모두 4년으로 규정되었다.

② 1962년 개정헌법은 국회 재적의원 3분의 1 이상 또는 국회의원 선거권자 50만 인 이상의 찬성으로 헌법개정의 제안을 하도록 규정함으로써, 1948년 헌법부터 유지되고 있던 대통령의 헌법개정제안권을 삭제했다.

③ 1980년 개정헌법은 행복추구권, 친족의 행위로 인하여 불이익한 처우의 금지 및 범죄피해자구조청구권을 새로 도입하였다.

④ 1987년 개정헌법은 여야합의에 의해 제안된 헌법개정안을 국회가 의결한 후 국민투표로 확정된 것이다.

08 ④

① [X] 국회법 제59조(의안의 상정시기) … 위원회는 의안(예산안, 기금운용계획안 및 임대형 민자사업 한도액안은 제외한다. 이하 이 조에서 같다)이 위원회에 회부된 날부터 다음 각 호의 구분에 따른 기간이 지나지 아니하였을 때에는 그 의안을 상정할 수 없다. 다만, 긴급하고 불가피한 사유로 위원회의 의결이 있는 경우에는 그러하지 아니하다.
   1. 일부개정법률안 : 15일
   2. 제정법률안, 전부개정법률안 및 폐지법률안 : 20일

② [X] 국회법 제85조의2(안건의 신속 처리)
   ① 위원회에 회부된 안건(체계·자구 심사를 위하여 법제사법위원회에 회부된 안건을 포함한다)을 제2항에 따른 신속처리대상안건으로 지정하려는 경우 의원은 재적의원 과반수가 서명한 신속처리대상안건 지정요구 동의(動議)(이하 이 조에서 "신속처리안건 지정동의"라 한다)를 의장에게 제출하고, 안건의 소관 위원회 소속 위원은 소관 위원회 재적위원 과반수가 서명한 신속처리안건 지정동의를 소관 위원회 위원장에게 제출하여야 한다. 이 경우 의장 또는 안건의 소관 위원회 위원장은 지체 없이 신속처리안건 지정동의를 무기명투표로 표결하되, 재적의원 5분의 3 이상 또는 안건의 소관 위원회 재적위원 5분의 3 이상의 찬성으로 의결한다.

③ [X] 국회법 제58조(위원회의 심사)
   ⑤ 제1항에 따른 축조심사는 위원회의 의결로 생략할 수 있다. 다만, 제정법률안과 전부개정법률안에 대해서는 그러하지 아니하다.
   ⑥ 위원회는 제정법률안과 전부개정법률안에 대해서는 공청회 또는 청문회를 개최하여야 한다. 다만, 위원회의 의결로 이를 생략할 수 있다.

④ [O] 국회법 제106조의2(무제한토론의 실시 등)
   ⑤ 의원은 무제한토론을 실시하는 안건에 대하여 재적의원 3분의 1 이상의 서명으로 무제한토론의 종결동의(終結動議)를 의장에게 제출할 수 있다.

09 ③

① [O] • 제헌헌법(1948년) 제33조 … 국회의원의 임기는 4년으로 한다.
   • 제헌헌법 제55조 … 대통령과 부통령의 임기는 4년으로 한다. 단, 재선에 의하여 1차 중임할 수 있다. 부통령은 대통령 재임중 재임한다.

② [O] 제5차 개정헌법(1962년), 제6차 개정헌법(1969년) 제119조 ① 헌법개정의 제안은 국회의 재적의원 3분의 1 이상 또는 국회의원선거권자 50만 인 이상의 찬성으로써 한다.

③ [X] 범죄피해자구조청구권은 현행헌법(1987년)에서 최초로 규정되었다.

④ [O] 현행헌법은 여야합의에 의해 개정안을 마련하고 국회의 발의와 의결을 거쳐 국민투표를 통해 확정된 헌법개정이다.

10 법인 또는 단체의 헌법상 지위에 대한 설명으로 옳은 것만을 모두 고르면? (다툼이 있는 경우 판례에 의함)

> ㉠ 특별한 예외적인 경우를 제외하고, 단체는 그 구성원의 권리구제를 위하여 대신 헌법소원심판을 청구한 경우에는 헌법소원심판청구의 자기관련성을 인정할 수 없다.
>
> ㉡ 인간의 존엄과 가치에서 유래하는 인격권은 자연적 생명체로서 개인의 존재를 전제로 하는 기본권으로서 그 성질상 법인에게는 적용될 수 없으므로 법인의 인격권을 과잉제한 했는지 여부를 판단하기 위해 기본권 제한에 대한 헌법원칙인 비례심사를 할 수는 없다.
>
> ㉢ 변호사 등록제도는 그 연혁이나 법적 성질에 비추어 보건대, 원래 국가의 공행정의 일부라 할 수 있으나, 국가가 행정상 필요로 인해 대한변호사협회에 관련 권한을 이관한 것이므로 대한변호사협회는 변호사 등록에 관한 한 공법인으로서 공권력 행사의 주체이다.
>
> ㉣ 국내 단체의 이름으로 혹은 국내 단체와 관련된 자금으로 정치자금을 기부하는 것을 금지한 「정치자금법」 조항은 단체의 정치적 의사표현 등 정치활동의 자유를 침해한다.

① ㉠, ㉢

② ㉡, ㉣

③ ㉠, ㉡, ㉢

④ ㉠, ㉢, ㉣

10 ①

○ [ㅇ] 단체는 원칙적으로 단체 자신의 기본권을 직접 침해당한 경우에만 그의 이름으로 헌법소원심판을 청구할 수 있을 뿐이고 그 구성원을 위하여 또는 구성원을 대신하여 헌법소원심판을 청구할 수 없다고 할 것인데, 청구인 한국신문편집인협회는 그 자신의 기본권이 직접 침해당하였다는 것이 아니고 청구인협의의 회원인 언론인들의 언론·출판의 자유가 침해당하고 있어 청구인협회도 간접적으로 기본권을 침해당하고 있음을 이유로 하여 이 사건 헌법소원심판을 청구하고 있는 것으로 보이므로 자기관련성을 갖추지 못하여 부적법하다고 할 것이다(헌재 1995. 7. 21. 92헌마177).

○ [X] 법인도 법인의 목적과 사회적 기능에 비추어 볼 때 <u>그 성질에 반하지 않는 범위 내에서 인격권의 한 내용인 사회적 신용이나 명예 등의 주체가 될 수 있고</u> 법인이 이러한 사회적 신용이나 명예 유지 내지 법인격의 자유로운 발현을 위하여 의사결정이나 행동을 어떻게 할 것인지를 자율적으로 결정하는 것도 법인의 인격권의 한 내용을 이룬다고 할 것이다. 그렇다면 이 사건 심판대상조항은 방송사업자의 의사에 반한 사과행위를 강제함으로써 방송사업자의 인격권을 제한하는바, 이러한 제한이 그 목적과 방법 등에 있어서 헌법 제37조 제2항에 의한 헌법적 한계 내의 것인지 살펴본다(헌재 2012. 8. 23. 2009헌가27).

○ [ㅇ] 변호사 등록제도는 그 연혁이나 법적 성질에 비추어 보건대, 원래 국가의 공행정의 일부라 할 수 있으나, 국가가 행정상 필요로 인해 대한변호사협회(이하 '변협'이라 한다)에 관련 권한을 이관한 것이다. 따라서 변협은 변호사 등록에 관한 한 공법인으로서 공권력 행사의 주체이다. 또한 변호사법의 관련 규정, 변호사 등록의 법적 성질, 변호사 등록을 하려는 자와 변협 사이의 법적 관계 등을 고려했을 때 변호사 등록에 관한 한 공법인 성격을 가지는 변협이 등록사무의 수행과 관련하여 정립한 규범을 단순히 내부 기준이라거나 사법적인 성질을 지니는 것이라 볼 수는 없고, 변호사 등록을 하려는 자와의 관계에서 대외적 구속력을 가지는 공권력 행사에 해당한다고 할 것이다(헌재 2019. 11. 28. 2017헌마759).

○ [X] 나아가 이 사건 기부금지 조항에 의한 개인이나 단체의 정치적 표현의 자유 제한은 내용중립적인 방법 제한으로서 수인 불가능할 정도로 큰 것이 아닌 반면, 금권정치와 정경유착의 차단, 단체와의 관계에서 개인의 정치적 기본권 보호 등 이 사건 기부금지 조항에 의하여 달성되는 공익은 대의민주제를 채택하고 있는 민주국가에서 매우 크고 중요하다는 점에서 법익균형성 원칙도 충족된다. <u>따라서 이 사건 기부금지 조항이 과잉금지원칙에 위반하여 정치활동의 자유 등을 침해하는 것이라 볼 수 없다</u>(헌재 2010. 12. 28. 2008헌바89).

11 국회의 재정에 대한 권한으로 옳지 않은 것은? (다툼이 있는 경우 판례에 의함)

① 특정인이나 특정계층에 대하여 정당한 이유없이 조세감면의 우대조치를 하는 것은 특정한 납세자 군이 조세의 부담을 다른 납세자군의 부담으로 떠맡기는 것에 다름아니므로 조세감면의 근거 역 시 법률로 정하여야만 하는 것이 국민주권주의나 법치주의의 원리에 부응하는 것이다.

② 어떤 공과금이 조세인지 아니면 부담금인지는 단순히 법률에서 그것을 무엇으로 성격 규정하고 있느냐를 기준으로 할 것이 아니라, 그 실질적인 내용을 결정적인 기준으로 삼아야 한다.

③ 한 회계연도를 넘어 계속하여 지출할 필요가 있을 때에는 정부는 연한을 정함이 없이 계속비로서 국회의 의결을 얻어 지출할 수 있다.

④ 「의료사고 피해구제 및 의료분쟁 조정 등에 관한 법률」 규정상 보상의 전제가 되는 의료사고에 관한 사항들은 의학의 발전 수준 등에 따라 변할 수 있으므로, 분담금 납부의무자의 범위와 보상 재원의 분담비율을 반드시 법률에서 정해야 한다고 보기는 어렵다.

12 헌법개정에 대한 설명으로 옳지 않은 것은?

① 헌법의 안정성과 헌법에 대한 존중이라는 요청 때문에 우리 헌법의 개정은 제한적으로 인정되며, 일반법률과는 다른 엄격한 요건과 절차가 요구된다.

② 1차 헌법개정은 정부안과 야당안을 발췌·절충한 개헌안을 대상으로 하여 헌법개정절차인 공고절 차를 그대로 따랐다.

③ 1972년 개정헌법에 따르면, 대통령이 제안한 헌법개정안은 국회의 의결을 거치지 않고 국민투표 를 통하여 확정된다.

④ 헌법개정안은 국회가 의결한 후 30일 이내에 국민투표에 부쳐 국회의원선거권자 과반수의 투표와 투표자 과반수의 찬성을 얻어야 하고, 이 찬성을 얻은 때에 헌법개정은 확정되며, 대통령은 즉시 이를 공포하여야 한다.

11 ③

 나노해설

① [○] 조세의 감면에 관한 규정은 조세의 부과·징수의 요건이나 절차와 직접 관련되는 것은 아니지만, 조세란 공공경비를 국민에게 강제적으로 배분하는 것으로서 납세의무자 상호간에는 조세의 전가관계가 있으므로 특정인이나 특정계층에 대하여 정당한 이유없이 조세감면의 우대조치를 하는 것은 특정한 납세자군이 조세의 부담을 다른 납세자군의 부담으로 떠맡기는 것에 다름아니므로 조세감면의 근거 역시 법률로 정하여야만 하는 것이 국민주권주의나 법치주의의 원리에 부응하는 것이다(헌재 1996. 6. 26. 93헌바2).

② [○] 그러나 어떤 공과금이 조세인지 아니면 부담금인지는 단순히 법률에서 그것을 무엇으로 성격 규정하고 있느냐를 기준으로 할 것이 아니라, 그 실질적인 내용을 결정적인 기준으로 삼아야 한다(헌재 2004. 7. 15. 2002헌바42).

③ [X] 헌법 제55조

    ① 한 회계연도를 넘어 계속하여 지출할 필요가 있을 때에는 <u>정부는 연한을 정하여</u> 계속비로서 국회의 의결을 얻어야 한다.

④ [○] 보상의 전제가 되는 의료사고에 관한 사항들은 의학의 발전 수준이나 의료 환경 등에 따라 변할 수 있으므로, 보상이 필요한 의료사고인지, 보상의 범위를 어느 수준으로 할지, 그 재원을 누가 부담할지 등은 당시의 의료사고 현황이나 관련자들의 비용부담 능력 등을 종합적으로 고려하여 결정해야 할 것이다. 따라서 분담금 납부의무자의 범위와 보상재원의 분담비율을 반드시 법률에서 직접 정해야 한다고 보기는 어렵고, 이를 대통령령에 위임하였다고 하여 그 자체로 법률유보원칙에 위배된다고 할 수는 없다(헌재 2018. 4. 26. 2015헌가13).

12 ②

나노해설

① [○] 우리 헌법은 제10장에 헌법개정절차를 규정하면서 국회의 강화된 의결과 주권자인 국민의 투표로 결정하도록 하고 있으므로 헌법개정절차에 엄격한 절차와 요건을 요구하고 있다.

② [X] 1차 헌법개정(1952년)은 대통령직선제 개헌안과 야당의 국무원 불신임개헌안을 절충, 일부 발췌하여 개헌한 것으로 그 과정에서 비상계엄이 선포되어 국회를 포위한 상태에서 국회의원의 자유로운 토론이 사실상 불가능한 상태였다. 또한 의결절차도 기립투표에 따름으로써 헌법개정절차를 그대로 따르지 않은 것으로 평가된다.

③ [○] 제7차 개정헌법(1972년) 제124조

    ② 대통령이 제안한 헌법개정안은 국민투표로 확정되며, 국회의원이 제안한 헌법개정안은 국회의 의결을 거쳐 통일주체국민회의의 의결로 확정된다.

④ [○] 헌법 제130조

    ② 헌법개정안은 국회가 의결한 후 30일 이내에 국민투표에 붙여 국회의원선거권자 과반수의 투표와 투표자 과반수의 찬성을 얻어야 한다.

    ③ 헌법개정안이 제2항의 찬성을 얻은 때에는 헌법개정은 확정되며, 대통령은 즉시 이를 공포하여야 한다.

13 탄핵심판에 대한 설명으로 옳은 것만을 모두 고르면? (다툼이 있는 경우 판례에 의함)

> ㉠ 헌법재판소는 소추사유의 판단에 있어서 국회의 탄핵소추의결서에서 분류된 소추사유의 체계에 의하여 구속을 받지 않으므로, 소추사유를 어떠한 연관관계에서 법적으로 고려할 것인가의 문제는 전적으로 헌법재판소의 판단에 달려있다.
> ㉡ 피청구인에 대한 탄핵심판 청구와 동일한 사유로 형사소송이 진행되고 있는 경우에는 재판부는 심판절차를 정지할 수 있다.
> ㉢ 피청구인이 결정 선고 전에 해당 공직에서 파면되었을 때에는 헌법재판소는 심판청구를 각하하여야 한다.
> ㉣ 「국회법」 제130조 제1항이 탄핵소추의 발의가 있을 때 그 사유 등에 대한 조사 여부를 국회의 재량으로 규정하고 있더라도, 국회가 탄핵소추사유에 대하여 별도의 조사를 하지 않았다거나 국정조사결과나 특별검사의 수사결과를 기다리지 않고 탄핵소추안을 의결하였다면 헌법이나 법률을 위반한 것이다.

① ㉠, ㉡

② ㉡, ㉢

③ ㉠, ㉡, ㉣

④ ㉠, ㉢, ㉣

14 법원에 대한 설명으로 옳은 것은? (다툼이 있는 경우 판례에 의함)

① 종전에 대법원에서 판시한 헌법·법률·명령 또는 규칙의 해석 적용에 관한 의견을 변경할 필요가 있음을 인정하는 경우, 대법관 3인 이상으로 구성된 부에서 먼저 사건을 심리하여 의견이 일치한 때에는 그 부에서 재판할 수 있다.

② 헌법 제101조 제2항의 각급법원에는 고등법원, 특허법원, 지방법원, 가정법원, 행정법원, 회생법원 및 군사법원이 포함된다.

③ 법관의 인사에 관한 중요 사항을 심의하기 위하여 대법원에 법관인사위원회를 두며, 법관인사위원회의 위원장은 위원 중에서 대법원장이 임명하거나 위촉한다.

④ 사법의 민주적 정당성과 신뢰를 높이기 위해 국민참여재판제도를 도입한 취지와 국민참여재판을 받을 권리를 명시하고 있는 「국민의 형사재판 참여에 관한 법률」의 내용에 비추어 볼 때, 국민참여재판을 받을 권리는 헌법상 기본권으로서 보호된다.

13 ①

㉠ [○] 헌법재판소는 사법기관으로서 원칙적으로 탄핵소추기관인 국회의 탄핵소추의결서에 기재된 소추사유에 의하여 구속을 받는다. 따라서 헌법재판소는 탄핵소추의결서에 기재되지 아니한 소추사유를 판단의 대상으로 삼을 수 없다. 그러나 탄핵소추의결서에서 그 위반을 주장하는 '법규정의 판단'에 관하여 헌법재판소는 원칙적으로 구속을 받지 않으므로, 청구인이 그 위반을 주장한 법규정 외에 다른 관련 법규정에 근거하여 탄핵의 원인이 된 사실관계를 판단할 수 있다. 또한, 헌법재판소는 소추사유의 판단에 있어서 국회의 탄핵소추의결서에서 분류된 소추사유의 체계에 의하여 구속을 받지 않으므로, 소추사유를 어떠한 연관관계에서 법적으로 고려할 것인가의 문제는 전적으로 헌법재판소의 판단에 달려있다(헌재 2004.5.14. 2004헌나1).

㉡ [○] 헌법재판소법 제51조(심판절차의 정지) … 피청구인에 대한 탄핵심판 청구와 동일한 사유로 형사소송이 진행되고 있는 경우에는 재판부는 심판절차를 정지할 수 있다.

㉢ [X] 헌법재판소법 제53조(결정의 내용)
② 피청구인이 결정 선고 전에 해당 공직에서 파면되었을 때에는 헌법재판소는 심판청구를 기각하여야 한다.

㉣ [X] 국회가 탄핵소추를 하기 전에 소추사유에 관하여 충분한 조사를 하는 것이 바람직하다는 것은 의문의 여지가 없다. 그러나 국회의 의사절차에 헌법이나 법률을 명백히 위반한 흠이 있는 경우가 아니면 국회 의사절차의 자율권은 권력분립의 원칙상 존중되어야 하고, 국회법 제130조 제1항은 탄핵소추의 발의가 있을 때 그 사유 등에 대한 조사 여부를 국회의 재량으로 규정하고 있으므로, 국회가 탄핵소추사유에 대하여 별도의 조사를 하지 않았다거나 국정조사결과나 특별검사의 수사결과를 기다리지 않고 탄핵소추안을 의결하였다고 하여 그 의결이 헌법이나 법률을 위반한 것이라고 볼 수 없다(헌재 2017.3.10. 2016헌나1).

14 ③

① [X] 법원조직법 제7조(심판권의 행사)
① 대법원의 심판권은 대법관 전원의 3분의 2 이상의 합의체에서 행사하며, 대법원장이 재판장이 된다. 다만, 대법관 3명 이상으로 구성된 부(部)에서 먼저 사건을 심리(審理)하여 의견이 일치한 경우에 한정하여 다음 각 호의 경우를 제외하고 그 부에서 재판할 수 있다.
3. 종전에 대법원에서 판시(判示)한 헌법·법률·명령 또는 규칙의 해석 적용에 관한 의견을 변경할 필요가 있다고 인정하는 경우

② [X] • 헌법 제101조 ② 법원은 최고법원인 대법원과 각급법원으로 조직된다.
• 헌법 제110조 ① 군사재판을 관할하기 위하여 특별법원으로서 군사법원을 둘 수 있다.

③ [○] 법원조직법 제25조의2(법관인사위원회)
① 법관의 인사에 관한 중요 사항을 심의하기 위하여 대법원에 법관인사위원회를 둔다.
⑤ 위원장은 위원 중에서 대법원장이 임명하거나 위촉한다.

④ [X] 우리 헌법상 헌법과 법률이 정한 법관에 의한 재판을 받을 권리는 직업법관에 의한 재판을 주된 내용으로 하는 것이므로 국민참여재판을 받을 권리가 헌법 제27조 제1항에서 규정한 재판을 받을 권리의 보호범위에 속한다고 볼 수 없다(헌재 2009. 11. 26. 2008헌바12).

15 헌법재판소의 심판절차에 대한 설명으로 옳지 않은 것은?

① 재판관에게 공정한 심판을 기대하기 어려운 사정이 있는 경우 당사자는 기피신청을 할 수 있으나, 변론기일에 출석하여 본안에 관한 진술을 한 때에는 기피신청을 할 수 없다.

② 위헌법률의 심판과 헌법소원에 관한 심판은 서면심리에 의하되, 재판부는 필요하다고 인정하는 경우에는 변론을 열어 당사자, 이해관계인, 그 밖의 참고인의 진술을 들을 수 있다.

③ 지정재판부는 다른 법률에 따른 구제절차가 있는 경우 그 절차를 모두 거치지 아니하거나 또는 법원의 재판에 대하여 헌법소원의 심판이 청구된 경우, 지정재판부 재판관 전원의 일치된 의견에 의한 결정으로 헌법소원의 심판청구를 각하한다.

④ 심판의 변론과 종국결정의 선고는 심판정에서 하되, 헌법재판소장이 필요하다고 인정하는 경우에는 심판정 외의 장소에서 변론을 열 수 있으나 종국결정의 선고를 할 수는 없다.

16 정당해산심판에 대한 설명으로 옳은 것은? (다툼이 있는 경우 판례에 의함)

① 헌법재판소는 정당해산심판의 청구를 받은 때에는 청구인의 신청에 의해서만 종국결정의 선고 시까지 피청구인의 활동을 정지하는 결정을 할 수 있다.

② 정당해산심판은 「헌법재판소법」에 특별한 규정이 있는 경우를 제외하고는 헌법재판의 성질에 반하지 아니하는 한도 내에서 민사소송에 관한 법령과 「행정소송법」을 함께 준용한다.

③ 정당의 목적이나 활동이 민주적 기본질서에 위배되는 것이 헌법이 정한 정당해산의 요건이므로, 정당해산결정 시 비례의 원칙 충족여부에 대하여 반드시 판단할 필요는 없다.

④ 헌법재판소의 해산결정으로 위헌정당이 해산되는 경우에 그 정당 소속 국회의원이 그 의원직을 유지하는지 상실하는지에 대하여 헌법이나 법률에 명문의 규정이 없으나, 정당해산제도의 취지 등에 비추어 볼 때 헌법재판소의 정당해산결정이 있는 경우 그 정당 소속 국회의원의 의원직은 당선 방식을 불문하고 모두 상실되어야 한다.

15 ④

① [○] 헌법재판소법 제24조(제척ㆍ기피 및 회피)

    ③ 재판관에게 공정한 심판을 기대하기 어려운 사정이 있는 경우 당사자는 기피(忌避)신청을 할 수 있다. 다만, 변론기일(辯論期日)에 출석하여 본안(本案)에 관한 진술을 한 때에는 그러하지 아니하다.

② [○] 헌법재판소법 제30조(심리의 방식)

    ② 위헌법률의 심판과 헌법소원에 관한 심판은 서면심리에 의한다. 다만, 재판부는 필요하다고 인정하는 경우에는 변론을 열어 당사자, 이해관계인, 그 밖의 참고인의 진술을 들을 수 있다.

③ [○] 헌법재판소법 제72조(사전심사)

    ③ 지정재판부는 다음 각 호의 어느 하나에 해당되는 경우에는 지정재판부 재판관 전원의 일치된 의견에 의한 결정으로 헌법소원의 심판청구를 각하한다.

        1. 다른 법률에 따른 구제절차가 있는 경우 그 절차를 모두 거치지 아니하거나 또는 법원의 재판에 대하여 헌법소원의 심판이 청구된 경우

④ [X] 헌법재판소법 제33조(심판의 장소) … 심판의 변론과 종국결정의 선고는 심판정에서 한다. 다만, 헌법재판소장이 필요하다고 인정하는 경우에는 <u>심판정 외의 장소에서 변론 또는 종국결정의 선고를 할 수 있다.</u>

16 ④

① [X] 헌법재판소법 제57조(가처분) … 헌법재판소는 정당해산심판의 청구를 받은 때에는 직권 또는 청구인의 신청에 의하여 <u>종국결정의 선고 시까지 피청구인의 활동을 정지하는 결정을 할 수 있다.</u>

② [X] 헌법재판소법 제40조(준용규정)

    ① 헌법재판소의 심판절차에 관하여는 이 법에 특별한 규정이 있는 경우를 제외하고는 헌법재판의 성질에 반하지 아니하는 한도에서 민사소송에 관한 법령을 준용한다. 이 경우 탄핵심판의 경우에는 형사소송에 관한 법령을 준용하고, <u>권한쟁의심판 및 헌법소원심판의 경우에는 「행정소송법」을 함께 준용한다.</u>

③ [X] 강제적 정당해산은 헌법상 핵심적인 정치적 기본권인 정당활동의 자유에 대한 근본적 제한이므로, 헌법재판소는 이에 관한 결정을 할 때 헌법 제37조 제2항이 규정하고 있는 비례원칙을 준수해야만 한다. 따라서 헌법 제8조 제4항의 명문규정상 요건이 구비된 경우에도 해당 정당의 위헌적 문제성을 해결할 수 있는 다른 대안적 수단이 없고, 정당해산결정을 통하여 얻을 수 있는 사회적 이익이 정당해산결정으로 인해 초래되는 정당활동 자유 제한으로 인한 불이익과 민주주의 사회에 대한 중대한 제약이라는 사회적 불이익을 초과할 수 있을 정도로 큰 경우에 한하여 정당해산결정이 헌법적으로 정당화될 수 있다(헌재 2014. 12. 19. 2013헌다1).

④ [○] 헌법재판소의 해산결정으로 정당이 해산되는 경우에 그 정당 소속 국회의원이 의원직을 상실하는지에 대하여 명문의 규정은 없으나, 정당해산심판제도의 본질은 민주적 기본질서에 위배되는 정당을 정치적 의사형성과정에서 배제함으로써 국민을 보호하는 데에 있는데 해산정당 소속 국회의원의 의원직을 상실시키지 않는 경우 정당해산결정의 실효성을 확보할 수 없게 되므로, 이러한 정당해산제도의 취지 등에 비추어 볼 때 헌법재판소의 정당해산결정이 있는 경우 그 정당 소속 국회의원의 의원직은 당선 방식을 불문하고 모두 상실되어야 한다(헌재 2014. 12. 19. 2013헌다1).

17 국회의 운영에 대한 설명으로 옳지 않은 것은?

① 의원이 다른 의원의 자격에 대하여 이의가 있을 때에는 30명 이상의 연서로 의장에게 자격심사를 청구할 수 있으며, 의원이 체포 또는 구금된 의원의 석방 요구를 발의할 때에는 재적의원 4분의 1 이상의 연서(連書)로 그 이유를 첨부한 요구서를 의장에게 제출하여야 한다.

② 발언한 의원은 회의록이 배부된 날의 다음 날 오후 5시까지 회의록에 적힌 자구의 정정을 의장에게 요구할 수 있으나, 발언의 취지를 변경할 수 없다.

③ 의장이 산회를 선포한 당일에는 다시 개의할 수 없으나, 내우외환, 천재지변 또는 중대한 재정·경제상의 위기, 국가의 안위에 관계되는 중대한 교전 상태나 전시·사변 또는 이에 준하는 국가비상사태의 경우에는 의장이 교섭단체 대표의원과 합의 없이도 회의를 다시 개의할 수 있다.

④ 의장이 토론에 참가할 때에는 의장석에서 물러나야 하며, 그 안건에 대한 표결이 끝날 때까지 의장석으로 돌아갈 수 없다.

18 정부형태에 대한 설명으로 옳지 않은 것은?

① 대통령제는 대통령의 임기를 보장하기 때문에 행정부의 안정성을 유지할 수 있는 장점이 있지만, 대통령과 국회가 충돌할 때 이를 조정할 수 있는 제도적 장치의 구비가 상대적으로 미흡하다.

② 대통령제에서는 국민이 대통령과 의회의 의원을 각각 선출하므로, 국가권력에게 민주적 정당성을 부여하는 방식이 이원화되어 있다.

③ 의원내각제에서 일반적으로 국민의 대표기관인 의회는 행정부불신임권으로 행정부를 견제하고 행정부는 의회해산권으로 이에 대응한다.

④ 우리 헌정사에서 1960년 6월 개정헌법은 의원내각제를 채택한 헌법으로서, 국가의 원수이며 의례상 국가를 대표하는 대통령이 민의원해산권을 행사하도록 규정하였다.

17 ③

① [O] • 국회법 제138조(자격심사의 청구) … 의원이 다른 의원의 자격에 대하여 이의가 있을 때에는 30명 이상의 연서로 의장에게 자격심사를 청구할 수 있다.

　　• 국회법 제28조(석방 요구의 절차)…의원이 체포 또는 구금된 의원의 석방 요구를 발의할 때에는 재적의원 4분의 1 이상의 연서(連書)로 그 이유를 첨부한 요구서를 의장에게 제출하여야 한다.

② [O] 국회법 제117조(자구의 정정과 이의의 결정)

　　① 발언한 의원은 회의록이 배부된 날의 다음 날 오후 5시까지 회의록에 적힌 자구의 정정을 의장에게 요구할 수 있다. 다만, 발언의 취지를 변경할 수 없다.

③ [X] 국회법 제74조(산회)

　　① 의사일정에 올린 안건의 의사가 끝났을 때에는 의장은 산회를 선포한다.

　　② 산회를 선포한 당일에는 회의를 다시 개의할 수 없다. 다만, 내우외환, 천재지변 또는 중대한 재정·경제상의 위기, 국가의 안위에 관계되는 중대한 교전 상태나 전시·사변 또는 이에 준하는 국가비상사태로서 <u>의장이 각 교섭단체 대표의원과 합의한 경우에는</u> 그러하지 아니하다.

④ [O] 국회법 제107조(의장의 토론 참가) … 의장이 토론에 참가할 때에는 의장석에서 물러나야 하며, 그 안건에 대한 표결이 끝날 때까지 의장석으로 돌아갈 수 없다.

18 ④

① [O] 대통령제는 대통령의 임기가 정해져 있고 의회와 독립된 권력으로 운영되기 때문에 행정부 운영이 안정적이라는 장점이 있는 반면, 의회와 독립된 기관으로 상호 충돌 시에는 불안정한 정국이 지속될 수 있다. 여소야대 정국이 대표적인 예이다.

② [O] 대통령제에서 국민은 대통령을 선출하는 과정과 의회 구성원을 선출하는 과정을 모두 가지므로 국가권력은 이원화된 것으로 볼 수 있다.

③ [O] 의회에 대한 내각의 불신임은 의원내각제의 본질적 요소로 평가된다. 이에 의회는 내각을 불신임함으로써 내각을 해산할 수 있고 동시에 내각은 의회를 해산하여 새로운 의회를 구성할 수 있는 상호견제 수단이 존재한다.

④ [X] 1960년 6월 개정헌법은 의원내각제를 채택하여 국무총리는 내각의 수장으로서 민의원 해산권을 가지고 있었다.

19 행정입법에 대한 설명으로 옳은 것만을 모두 고르면? (다툼이 있는 경우 판례에 의함)

> ㉠ 위임입법에서 사용하고 있는 추상적 용어가 하위 법령에 규정될 내용의 범위를 구체적으로 정해주기 위한 역할을 하는지, 아니면 그와는 별도로 독자적인 규율 내용을 정하기 위한 것인지 여부에 따라 별도로 명확성원칙 위반의 문제가 나타날 수도 있고, 그렇지 않을 수도 있게 된다.
>
> ㉡ 집행명령은 근거법령인 상위법령이 폐지되면 특별한 규정이 없는 이상 실효된다 할 것이나, 상위법령이 개정됨에 그친 경우에는 개정법령과 성질상 모순, 저촉되지 아니하고 개정된 상위법령의 시행에 필요한 사항을 규정하고 있는 이상 그 집행명령은 상위법령의 개정에도 불구하고 당연히 실효되지 아니하고 개정법령의 시행을 위한 집행명령이 제정, 발효될 때까지는 여전히 그 효력을 유지하는 것이라고 할 것이다.
>
> ㉢ 헌법 제75조는 일반적이고 포괄적인 위임입법이 허용되지 않음을 명백히 밝히고 있으나, 위임조항 자체에서 위임의 구체적 범위를 명확히 규정하고 있지 않더라도 당해 법률의 전반적 체계와 관련규정에 비추어 위임조항의 내재적인 위임의 범위나 한계를 객관적으로 분명히 확정할 수 있다면 이를 일반적이고 포괄적인 백지위임에 해당하는 것으로 볼 수 없다.
>
> ㉣ 위임입법이 대법원규칙인 경우에도 수권법률에서 헌법 제75조에 근거한 포괄위임금지원칙을 준수하여야 하는 것은 마찬가지이나, 위임의 구체성·명확성의 정도는 다른 규율 영역에 비해 완화될 수 있다.

① ㉠, ㉡

② ㉠, ㉢, ㉣

③ ㉡, ㉢, ㉣

④ ㉠, ㉡, ㉢, ㉣

19 ④

㉠ [○] 위임입법에서 사용하고 있는 추상적 용어가 하위 법령에 규정될 내용의 범위를 구체적으로 정해주기 위한 역할을 하는지, 아니면 그와는 별도로 독자적인 규율 내용을 정하기 위한 것인지 여부에 따라 별도로 명확성원칙 위반의 문제가 나타날 수도 있고, 그렇지 않을 수도 있게 된다(헌재 2011. 12. 29. 2010헌바).

㉡ [○] 상위법령의 시행에 필요한 세부적 사항을 정하기 위하여 행정관청이 일반적 직권에 의하여 제정하는 이른바 집행명령은 근거법령인 상위법령이 폐지되면 특별한 규정이 없는 이상 실효되는 것이나, 상위법령이 개정됨에 그친 경우에는 개정법령과 성질상 모순, 저촉되지 아니하고 개정된 상위법령의 시행에 필요한 사항을 규정하고 있는 이상 그 집행명령은 상위법령의 개정에도 불구하고 당연히 실효되지 아니하고 개정법령의 시행을 위한 집행명령이 제정, 발효될 때까지는 여전히 그 효력을 유지한다(대판 1989. 9. 12. 88누6962).

㉢ [○] 우리 헌법은 제75조와 제95조에서 위임입법의 근거를 마련하는 한편 위임입법의 범위와 한계를 제시하고 있다. 법률로 부령에 위임을 하는 경우라도 적어도 법률의 규정에 의하여 부령으로 규정될 내용 및 범위의 기본사항을 구체적으로 규정함으로써 누구라도 당해 법률로부터 부령에 규정될 내용의 대강을 예측할 수 있도록 하여야 할 것이다. 이러한 예측가능성의 유무는 당해 특정조항 하나만을 가지고 판단할 것은 아니고 관련 법 조항 전체를 유기적·체계적으로 종합판단하여야 하며 각 대상법률의 성질에 따라 구체적·개별적으로 검토하여야 한다. 법률조항 자체에서 위임의 구체적 범위를 명확히 규정하고 있지 않다고 하더라도 당해 법률의 전반적 체계와 관련규정에 비추어 위임조항의 내재적인 위임의 범위나 한계를 객관적으로 분명히 확정할 수 있다면 이를 일반적이고 포괄적인 백지위임에 해당하는 것으로 볼 수는 없다(헌재 2004. 11. 25. 2004헌가15).

㉣ [○] 대법원은 헌법 제108조에 근거하여 입법권의 위임을 받아 규칙을 제정할 수 있다 할 것이고, 헌법 제75조에 근거한 포괄위임금지원칙은 법률에 이미 하위법규에 규정될 내용 및 범위의 기본사항이 구체적으로 규정되어 있어서 누구라도 당해 법률로부터 하위법규에 규정될 내용의 대강을 예측할 수 있어야 함을 의미하므로, 위임입법이 대법원규칙인 경우에도 수권법률에서 이 원칙을 준수하여야 함은 마찬가지이다. 다만, 대법원규칙으로 규율될 내용들은 소송에 관한 절차와 같이 법원의 전문적이고 기술적인 사무에 관한 것이 대부분일 것인바, 법원의 축적된 지식과 실제적 경험의 활용, 규칙의 현실적 적응성과 적시성의 확보라는 측면에서 수권법률에서의 위임의 구체성·명확성의 정도는 다른 규율 영역에 비해 완화될 수 있을 것이다(헌재 2016. 6. 30. 2013헌바27).

20 기본권 침해 여부의 심사에서 과잉금지원칙(비례원칙)이 적용된 경우가 아닌 것은? (다툼이 있는 경우 판례에 의함)

① 고졸검정고시 또는 고입검정고시에 합격한 자는 해당 검정고시에 다시 응시할 수 없도록 응시자격을 제한한 것이 해당 검정고시합격자의 교육을 받을 권리를 침해하는지 여부

② 교육공무원인 대학교원을 「교원의 노동조합 설립 및 운영 등에 관한 법률」의 적용대상에서 배제한 것이 교육공무원인 대학교원의 단결권을 침해하는지 여부

③ 세종특별자치시의 특정구역 내 건물에 입주한 업소에 대해 업소별로 표시할 수 있는 광고물의 총 수량을 원칙적으로 1개로 제한한 것이 업소 영업자의 표현의 자유 및 직업수행의 자유를 침해하는지 여부

④ 자율형 사립고등학교를 지원한 학생에게 평준화지역 후기학교 주간부에 중복 지원하는 것을 금지한 것이 자율형 사립고등학교에 진학하고자 하는 학생의 평등권을 침해하는지 여부

20 ②

① [O] 그런데 검정고시 응시자격을 제한하는 것은, 국민의 교육받을 권리 중 그 의사와 능력에 따라 균등하게 교육받을 것을 국가로부터 방해받지 않을 권리, 즉 자유권적 기본권을 제한하는 것이므로, 그 제한에 대하여는 헌법 제37조 제2항의 비례원칙에 의한 심사, 즉 과잉금지원칙에 따른 심사를 받아야 할 것이다(헌재 2012. 5. 31. 2010헌마 139).

② [X] <u>대학 교원을 교육공무원 아닌 대학 교원과 교육공무원인 대학 교원으로 나누어, 각각의 단결권 침해가 헌법에 위배되는지 여부에 관하여 본다.</u> …… 다음으로 교육공무원인 대학 교원에 대하여 보더라도, 교육공무원의 직무수행의 특성과 헌법 제33조 제1항 및 제2항의 정신을 종합해 볼 때, 교육공무원에게 근로3권을 일체 허용하지 않고 전면적으로 부정하는 것은 <u>합리성을 상실한 과도한 것으로서 입법형성권의 범위를 벗어나 헌법에 위반된다</u>(헌재 2018. 8. 30. 2015헌가38).

③ [O] 다만 앞에서 본 바와 같이 우리 헌법재판소는 상업광고의 특성상 그 규제에 관한 비례의 원칙 심사에 있어서는 피해의 최소성 원칙은 같은 목적을 달성하기 위하여 달리 덜 제약적인 수단이 없을 것인지 혹은 입법목적을 달성하기 위하여 필요한 최소한의 제한인지를 심사하기보다는 '입법목적을 달성하기 위하여 필요한 범위 내의 것인지'를 심사하는 정도로 완화되는 것이 상당하다고 판시하였으므로, 이에 따라 이 사건 규정들이 과잉금지원칙에 위배하였는지를 살펴본다(헌재 2008. 6. 26. 2005헌마506).

④ [O] 따라서 고등학교 진학 기회의 제한은 대학 등 고등교육기관에 비하여 당사자에게 미치는 제한의 효과가 더욱 크므로 보다 더 엄격히 심사하여야 한다. 따라서 이 사건 중복지원금지 조항의 차별 목적과 차별의 정도가 비례원칙을 준수하는지 살펴본다(헌재 2019. 4. 11. 2018헌마221).

01 국적에 대한 설명으로 옳은 것은?

① 대한민국의 국민으로서 자진하여 외국 국적을 취득한 자는 그 외국 국적을 취득한 날로부터 6개월이 지난 때에 대한민국 국적을 상실한다.

② 대한민국 국적을 상실한 자는 국적을 상실한 때부터 대한민국의 국민만이 누릴 수 있는 권리를 향유할 수 없으며, 이들 권리 중 대한민국의 국민이었을 때 취득한 것으로서 양도할 수 있는 것은 그 권리와 관련된 법령에서 따로 정한 바가 없으면 3년 내에 대한민국의 국민에게 양도하여야 한다.

③ 외국인의 자(子)로서 대한민국의 「민법」상 성년인 사람은 부 또는 모가 귀화허가를 신청할 때 함께 국적 수반취득을 신청할 수 있다.

④ 출생 당시에 부(父)가 대한민국의 국민인 자만 출생과 동시에 대한민국 국적을 취득한다.

02 양심의 자유에 대한 설명으로 옳지 않은 것은? (다툼이 있는 경우 판례에 의함)

① 헌법이 보호하고자 하는 양심은 어떤 일의 옳고 그름을 판단함에 있어서 그렇게 행동하지 않고는 자신의 인격적 존재가치가 허물어지고 말 것이라는 강력하고 진지한 마음의 소리를 말한다.

② 양심의 자유는 인간으로서의 존엄성 유지와 개인의 자유로운 인격발현을 위해 개인의 윤리적 정체성을 보장하는 기능을 담당한다.

③ 현역입영 또는 소집통지서를 받은 자가 정당한 사유 없이 입영하지 않거나 소집에 응하지 않은 경우를 처벌하는 구 「병역법」 처벌조항은 과잉금지원칙을 위배하여 양심적 병역거부자의 양심의 자유를 침해한다.

④ 헌법이 보장하는 양심의 자유는 정신적인 자유로서, 어떠한 사상·감정을 가지고 있다고 하더라도 그것이 내심에 머무르는 한 절대적인 자유이므로 제한할 수 없다.

01 ②

① [X] 국적법 제15조(외국 국적 취득에 따른 국적 상실)

　① 대한민국의 국민으로서 자진하여 외국 국적을 취득한 자는 그 외국 국적을 취득한 때에 대한민국 국적을 상실한다.

② [O] 국적법 제18조(국적상실자의 권리 변동)

　① 대한민국 국적을 상실한 자는 국적을 상실한 때부터 대한민국의 국민만이 누릴 수 있는 권리를 누릴 수 없다.

　② 제1항에 해당하는 권리 중 대한민국의 국민이었을 때 취득한 것으로서 양도(讓渡)할 수 있는 것은 그 권리와 관련된 법령에서 따로 정한 바가 없으면 3년 내에 대한민국의 국민에게 양도하여야 한다.

③ [X] 국적법 제8조(수반 취득)

　① 외국인의 자(子)로서 대한민국의 「민법」상 미성년인 사람은 부 또는 모가 귀화허가를 신청할 때 함께 국적 취득을 신청할 수 있다.

④ [X] 국적법 제2조(출생에 의한 국적 취득)

　① 다음 각 호의 어느 하나에 해당하는 자는 출생과 동시에 대한민국 국적(國籍)을 취득한다.

　　1. 출생 당시에 부(父)또는 모(母)가 대한민국의 국민인 자

　　2. 출생하기 전에 부가 사망한 경우에는 그 사망 당시에 부가 대한민국의 국민이었던 자

　　3. 부모가 모두 분명하지 아니한 경우나 국적이 없는 경우에는 대한민국에서 출생한 자

02 ③

① [O] 헌법 제19조에서 보호하는 양심은 어떤 일의 옳고 그름을 판단할 때 그렇게 행동하지 않고서는 자신의 인격적 존재가치가 파멸되고 말 것이라는 강력하고 진지한 마음의 소리로서 절박하고 구체적인 것이다(헌재 2002. 4. 25. 98헌마425).

② [O] 이른바 개인적 자유의 시초라고 일컬어지는 이러한 양심의 자유는 인간으로서의 존엄성 유지와 개인의 자유로운 인격발현을 위해 개인의 윤리적 정체성을 보장하는 기능을 담당한다(헌재 2002. 4. 25. 98헌마425).

③ [X] 결국 양심적 병역거부자에 대한 처벌은 대체복무제를 규정하지 아니한 병역종류조항의 입법상 불비와 양심적 병역거부는 처벌조항의 '정당한 사유'에 해당하지 않는다는 법원의 해석이 결합되어 발생한 문제일 뿐, 처벌조항 자체에서 비롯된 문제가 아니다(헌재 2018. 6. 28. 2011헌바379).

④ [O] 헌법 제19조가 보호하고 있는 양심의 자유는 양심형성의 자유와 양심적 결정의 자유를 포함하는 내심적 자유 (forum internum)뿐만 아니라, 양심적 결정을 외부로 표현하고 실현할 수 있는 양심실현의 자유(forum externum)를 포함한다고 할 수 있다. 내심적 자유, 즉 양심형성의 자유와 양심적 결정의 자유는 내심에 머무르는 한 절대적 자유라고 할 수 있지만, 양심실현의 자유는 타인의 기본권이나 다른 헌법적 질서와 저촉되는 경우 헌법 제37조 제2항에 따라 국가안전보장 질서유지 또는 공공복리를 위하여 법률에 의하여 제한될 수 있는 상대적 자유라고 할 수 있다(헌재 1998. 7. 16. 96헌바35).

03 국무총리에 대한 설명으로 옳은 것은? (다툼이 있는 경우 판례에 의함)

① 국무총리가 사고로 직무를 수행할 수 없는 경우에는 교육부 장관이 겸임하는 부총리, 기획재정부 장관이 겸임하는 부총리 순으로 직무를 대행하고, 국무총리와 부총리가 모두 사고로 직무를 수행할 수 없는 경우에는 대통령의 지명이 있으면 그 지명을 받은 국무위원이 그 직무를 대행한다.

② 국무총리는 중앙행정기관의 장의 명령이나 처분이 위법 또는 부당하다고 인정할 때에는 대통령의 승인을 받아 이를 중지 또는 취소할 수 있다.

③ 국무총리는 국무회의의 부의장으로서 국무위원이다.

④ 헌법재판소는 국무총리는 대통령의 첫째 가는 보좌기관으로서 행정에 관하여 독자적인 권한을 가지고 대통령의 명을 받아 행정각부를 통할하는 기관으로서의 지위를 가진다고 보았다.

04 감사원에 대한 설명으로 옳은 것은?

① 감사원은 감사 결과 법령상·제도상 또는 행정상 모순이 있거나 그 밖에 개선할 사항이 있다고 인정할 때에는 국무총리, 소속 장관, 감독기관의 장 또는 해당 기관의 장에게 법령 등의 제정·개정 또는 폐지를 위한 조치나 제도상 또는 행정상의 개선을 요구할 수 있다.

② 감사위원회의는 재적 감사위원 과반수의 참석과 참석 감사위원 과반수의 찬성으로 의결한다.

③ 감사원은 원장을 포함한 5인 이상 11인 이하의 감사위원으로 구성되며, 원장은 국회의 동의 없이 대통령이 임명하고, 1차에 한하여 중임할 수 있다.

④ 원장이 사고로 인하여 직무를 수행할 수 없는 때에는 원장이 지정하는 감사위원이 그 직무를 대행한다.

03 ②

① [X] 정부조직법 제22조(국무총리의 직무대행) ··· 국무총리가 사고로 직무를 수행할 수 없는 경우에는 기획재정부장관이 겸임하는 부총리, 교육부장관이 겸임하는 부총리의 순으로 직무를 대행하고, 국무총리와 부총리가 모두 사고로 직무를 수행할 수 없는 경우에는 대통령의 지명이 있으면 그 지명을 받은 국무위원이, 지명이 없는 경우에는 제26조 제1항에 규정된 순서에 따른 국무위원이 그 직무를 대행한다.

② [O] 정부조직법 제18조(국무총리의 행정감독권)

② 국무총리는 중앙행정기관의 장의 명령이나 처분이 위법 또는 부당하다고 인정될 경우에는 대통령의 승인을 받아 이를 중지 또는 취소할 수 있다.

③ [X] 헌법 제88조 ③ 대통령은 국무회의의 의장이 되고, 국무총리는 부의장이 된다.

※ 국무총리는 국무위원이 아님.

④ [X] 총체적으로 보면 내각책임제 밑에서의 행정권이 수상에게 귀속되는 것과는 달리 우리 나라의 행정권은 헌법상 대통령에게 귀속되고, 국무총리는 단지 대통령의 첫째 가는 보좌기관으로서 행정에 관하여 독자적인 권한을 가지지 못하고 대통령의 명을 받아 행정각부를 통할하는 기관으로서의 지위만을 가지며, 행정권 행사에 대한 최후의 결정권자는 대통령이라고 해석하는 것이 타당하다고 할 것이다. 이와 같은 헌법상의 대통령과 국무총리의 지위에 비추어 보면 국무총리의 통할을 받는 행정각부에 모든 행정기관이 포함된다고 볼 수 없다 할 것이다(헌재 1994. 4. 28. 89헌마221).

04 ①

① [O] 감사원법 제34조(개선 등의 요구)

① 감사원은 감사 결과 법령상·제도상 또는 행정상 모순이 있거나 그 밖에 개선할 사항이 있다고 인정할 때에는 국무총리, 소속 장관, 감독기관의 장 또는 해당 기관의 장에게 법령 등의 제정·개정 또는 폐지를 위한 조치나 제도상 또는 행정상의 개선을 요구할 수 있다.

② [X] 감사원법 제11조(의장 및 의결)

② 감사위원회의는 재적 감사위원 과반수의 찬성으로 의결한다.

③ [X] 헌법 제98조

① 감사원은 원장을 포함한 5인 이상 11인 이하의 감사위원으로 구성한다.

② 원장은 국회의 동의를 얻어 대통령이 임명하고, 그 임기는 4년으로 하며, 1차에 한하여 중임할 수 있다.

④ [X] 감사원법 제4조(원장)

③ 원장이 궐위되거나 사고로 인하여 직무를 수행할 수 없을 때에는 감사위원으로 최장기간 재직한 감사위원이 그 권한을 대행한다. 다만, 재직기간이 같은 감사위원이 2명 이상인 경우에는 연장자가 그 권한을 대행한다.

05 외국인의 기본권 주체성에 대한 설명으로 옳지 않은 것은? (다툼이 있는 경우 판례에 의함)

① 신체의 자유, 주거의 자유, 변호인의 조력을 받을 권리, 재판청구권 등은 성질상 인간의 권리에 해당한다고 볼 수 있으므로, 이 기본권들에 관하여는 외국인들의 기본권 주체성이 인정된다.

② 기본권 주체성의 인정 문제와 기본권 제한의 정도는 별개의 문제이므로 외국인에게 근로의 권리에 대한 기본권 주체성을 인정한다는 것이 곧바로 우리 국민과 동일한 수준의 보장을 한다는 것을 의미하는 것은 아니다.

③ 참정권은 '인간의 자유'라기보다는 '국민의 자유'이므로 「공직선거법」은 외국인의 선거권을 인정하지 않고 있다.

④ 근로의 권리 중 인간의 존엄성 보장에 필요한 최소한의 근로 조건을 요구할 수 있는 '일할 환경에 관한 권리' 역시 외국인에게 보장된다.

06 국회의 운영에 대한 설명으로 옳지 않은 것은?

① 본회의는 오후 2시(토요일은 오전 10시)에 개의하지만, 의장은 각 상임위원회 위원장과 협의하여 그 개의 시를 변경할 수 있다.

② 국회는 휴회 중이라도 대통령의 요구가 있을 때, 의장이 긴급한 필요가 있다고 인정할 때 또는 재적의원 4분의 1 이상의 요구가 있는 때에는 국회의 회의를 재개한다.

③ 정부가 본회의 또는 위원회에서 의제가 된 정부제출의 의안을 수정 또는 철회할 때에는 본회의 또는 위원회의 동의를 얻어야 한다.

④ 정부는 부득이한 경우를 제외하고는 매년 1월 31일까지 해당 연도에 제출할 법률안에 관한 계획을 국회에 통지하여야 한다.

05 ③

① [○] 청구인들이 침해받았다고 주장하고 있는 신체의 자유, 주거의 자유, 변호인의 조력을 받을 권리, 재판청구권 등은 성질상 인간의 권리에 해당한다고 볼 수 있으므로, 위 기본권들에 관하여는 청구인들의 기본권 주체성이 인정된다 (헌재 2012. 8. 23. 2008헌마430).

② [○] 한편 기본권 주체성의 인정문제와 기본권제한의 정도는 별개의 문제이므로, 외국인에게 직장 선택의 자유에 대한 기본권 주체성을 인정한다는 것이 곧바로 이들에게 우리 국민과 동일한 수준의 직장 선택의 자유가 보장된다는 것을 의미하는 것은 아니라고 할 것이다(헌재 2011. 9. 29. 2009헌마351).

③ [X] <u>공직선거법 제15조(선거권)</u>

　　① 18세 이상의 국민은 대통령 및 국회의원의 선거권이 있다. 다만, 지역구국회의원의 선거권은 18세 이상의 국민으로서 제37조 제1항에 따른 선거인명부작성기준일 현재 다음 각 호의 어느 하나에 해당하는 사람에 한하여 인정된다.

　　　　3. 「출입국관리법」 제10조에 따른 영주의 체류자격 취득일 후 3년이 경과한 외국인으로서 같은 법 제34조에 따라 해당 지방자치단체의 외국인등록대장에 올라 있는 사람

④ [○] 한편, 헌법 제32조는 근로의 권리를 보장하고 있고, 근로의 권리는 '일할 자리에 관한 권리'만이 아니라 '일할 환경에 관한 권리'도 보장되어야 한다. <u>'일할 환경에 관한 권리'는 인간의 존엄성에 대한 침해를 방어하기 위한 권리로서 외국인에게도 인정되며</u>, 건강한 작업환경, 일에 대한 정당한 보수, 합리적인 근로조건의 보장 등을 요구할 수 있는 권리 등을 포함한다. 여기서의 근로조건은 임금과 그 지불방법, 취업시간과 휴식시간 등 근로계약에 의하여 근로자가 근로를 제공하고 임금을 수령하는 데 관한 조건들이고, 아래에서 보는 것처럼 이 사건 출국만기보험금은 퇴직금의 성질을 가지고 있어서 그 지급시기에 관한 것은 근로조건의 문제이므로 외국인인 청구인들에게도 기본권 주체성이 인정된다(헌재 2016. 3. 31. 2014헌마367).

06 ①

① [X] <u>국회법 제72조(개의)</u> … 본회의는 오후 2시(토요일은 오전 10시)에 개의한다. 다만, 의장은 <u>각 교섭단체 대표의원과 협의하여</u> 그 개의시를 변경할 수 있다.

② [○] <u>국회법 제8조(휴회)</u>

　　② 국회는 휴회 중이라도 대통령의 요구가 있을 때, 의장이 긴급한 필요가 있다고 인정할 때 또는 재적의원 4분의 1 이상의 요구가 있을 때에는 국회의 회의를 재개한다.

③ [○] <u>국회법 제90조(의안 · 동의의 철회)</u>

　　③ 정부가 본회의 또는 위원회에서 의제가 된 정부제출 의안을 수정하거나 철회할 때에는 본회의 또는 위원회의 동의를 받아야 한다.

④ [○] <u>국회법 제5조의3(법률안 제출계획의 통지)</u>

　　① 정부는 부득이한 경우를 제외하고는 매년 1월 31일까지 해당 연도에 제출할 법률안에 관한 계획을 국회에 통지하여야 한다.

07 직업의 자유에 대한 설명으로 옳지 않은 것은? (다툼이 있는 경우 판례에 의함)

① 전문과목을 표시한 치과의원은 그 표시한 전문과목에 해당하는 환자만을 진료하여야 한다고 규정한 「의료법」 제77조 제3항은 과잉금지원칙을 위배하여 치과전문의인 청구인들의 직업수행의 자유를 침해한다.

② 법인의 임원이 「학원의 설립·운영 및 과외교습에 관한 법률」을 위반하여 벌금형을 선고받은 경우, 법인의 등록이 효력을 잃도록 규정하는 것은 과잉금지원칙을 위배하여 법인의 직업 수행의 자유를 침해한다.

③ 헌법 제15조에서 보장하는 직업이란 생활의 기본적 수요를 충족시키기 위하여 행하는 계속적인 소득활동을 의미하고, 성매매는 그것이 가지는 사회적 유해성과는 별개로 성판매자의 입장에서 생활의 기본적 수요를 충족하기 위한 소득활동에 해당함을 부인할 수 없으나, 성매매자를 처벌하는 것은 과잉금지원칙에 반하지 않는다.

④ 변호사시험의 응시기회를 법학전문대학원의 석사학위 취득자의 경우 석사학위를 취득한 달의 말일부터 또는 석사학위 취득예정자의 경우 그 예정기간 내 시행된 시험일부터 5년 내에 5회로 제한한 「변호사시험법」 규정은 응시기회의 획일적 제한으로 청구인들의 직업선택의 자유를 침해한다.

07 ④

① [O] 심판대상조항으로 그러한 공익이 얼마나 달성될 수 있을 것인지 의문인 반면, 치과의원의 치과전문의가 표시한 전문과목 이외의 영역에서 치과일반의로서의 진료도 전혀 하지 못하는 데서 오는 사적인 불이익은 매우 크므로, 심판대상조항은 과잉금지원칙에 위배되어 청구인들의 직업수행의 자유를 침해한다(헌재 2015. 5. 28. 2013헌마799).

② [O] 법인으로서는 대표자인 임원이건 그렇지 아니한 임원이건 모든 임원 개개인의 학원법위반범죄와 형사처벌 여부를 항시 감독하여야만 등록의 실효를 면할 수 있게 되므로 학원을 설립하고 운영하는 법인에게 지나치게 과중한 부담을 지우고 있다. 또한 이로 인하여 법인의 등록이 실효되면 해당 임원이 더 이상 임원직을 수행할 수 없게 될 뿐 아니라, 학원법인 소속 근로자는 모두 생계의 위협을 받을 수 있으며, 갑작스러운 수업의 중단으로 학습자 역시 불측의 피해를 입을 수밖에 없으므로 이 사건 등록실효조항은 학원법인의 직업수행의 자유를 침해한다(헌재 2015. 5. 28. 2012헌마653).

③ [O] 헌법 제15조에서 보장하는 '직업'이란 생활의 기본적 수요를 충족시키기 위하여 행하는 계속적인 소득활동을 의미하고, 성매매는 그것이 가지는 사회적 유해성과는 별개로 성판매자의 입장에서 생활의 기본적 수요를 충족하기 위한 소득활동에 해당함을 부인할 수 없다 할 것이므로, 심판대상조항은 성판매자의 직업선택의 자유도 제한하고 있다. …… 따라서 심판대상조항은 개인의 성적 자기결정권, 사생활의 비밀과 자유, 직업선택의 자유를 침해하지 아니한다(헌재 2016. 3. 31. 2013헌가2).

④ [X] 변호사시험에 무제한 응시함으로 인하여 발생하는 인력 낭비, 응시인원의 누적으로 인한 시험 합격률의 저하 및 법학전문대학원의 전문적인 교육효과 소멸 등을 방지하고자 하는 공익은 청구인들이 더 이상 시험에 응시하지 못하여 변호사를 직업으로 선택하지 못하는 불이익에 비하여 더욱 중대하다. 따라서 위 조항은 청구인들의 직업선택의 자유를 침해하지 아니한다(헌재 2016. 9. 29. 2016헌마47).

08 선거관리위원회에 대한 설명으로 옳지 않은 것은?

① 대통령선거 및 국회의원선거에 있어서 선거의 효력에 관하여 이의가 있는 선거인·후보자를 추천한 정당 또는 후보자가 대법원에 소를 제기할 때의 피고는 당해 선거구선거관리위원회 위원장이다.

② 헌법은 탄핵소추의 대상자로서 대통령·국무총리·국무위원·행정각부의 장·헌법재판소 재판관·법관·중앙선거관리위원회 위원장·감사원장·감사위원·기타 법률이 정한 공무원으로 규정하고 있고, 「선거관리위원회법」에서 중앙선거관리위원회 및 각급선거관리위원회 위원을 탄핵소추의 대상으로 포함하고 있다.

③ 국회에서 선출하는 중앙선거관리위원회 위원에 대한 선출안의 심사는 국회 인사청문특별위원회에서, 대통령이 임명하는 중앙선거관리위원회 위원 후보자에 대한 인사청문은 소관 상임위원회에서 한다.

④ 각급선거관리위원회의 회의는 당해 위원장이 소집한다. 다만, 위원 3분의 1 이상의 요구가 있을 때에는 위원장은 회의를 소집하여야 하며 위원장이 회의소집을 거부할 때에는 회의소집을 요구한 3분의 1 이상의 위원이 직접 회의를 소집할 수 있다.

09 국회의장과 부의장에 대한 설명으로 옳은 것은?

① 임시의장은 무기명투표로 선거하고 재적의원 과반수의 출석과 출석의원 다수득표자를 당선자로 한다.

② 국회의원 총선거 후 처음 선출된 의장과 부의장의 임기는 의원의 임기 개시 후 2년이 되는 날까지로 하며, 보궐선거로 당선된 의장 또는 부의장의 임기는 선출된 날로부터 2년으로 한다.

③ 의장은 국회를 대표하고 의사를 정리하며, 질서를 유지하고 사무를 감독한다. 의장은 위원회에 출석하여 발언할 수 있고, 표결에 참가할 수 있다.

④ 의장이 심신상실 등 부득이한 사유로 의사표시를 할 수 없게 되어 직무대리자를 지정할 수 없는 때에는 나이가 많은 부의장의 순으로 의장의 직무를 대행한다.

08 ②

① [ㅇ] 공직선거법 제222조(선거소송) ① 대통령선거 및 국회의원선거에 있어서 선거의 효력에 관하여 이의가 있는 선거인 · 정당(후보자를 추천한 정당에 한한다) 또는 후보자는 선거일부터 30일 이내에 당해 선거구선거관리위원회위원장을 피고로 하여 대법원에 소를 제기할 수 있다.

② [X] • 헌법 제65조 ① 대통령 · 국무총리 · 국무위원 · 행정각부의 장 · 헌법재판소 재판관 · 법관 · <u>중앙선거관리위원회 위원</u> · 감사원장 · 감사위원 기타 법률이 정한 공무원이 그 직무집행에 있어서 헌법이나 법률을 위배한 때에는 국회는 탄핵의 소추를 의결할 수 있다.

　　• 선거관리위원회법 제9조(위원의 해임사유) ··· <u>각급선거관리위원회의 위원</u>은 다음 각호의 1에 해당할 때가 아니면 해임 · 해촉 또는 파면되지 아니한다.

　　　2. 탄핵결정으로 파면된 때

③ [ㅇ] • 국회법 제46조의3(인사청문특별위원회)

　　　① 국회는 다음 각 호의 임명동의안 또는 의장이 각 교섭단체 대표의원과 협의하여 제출한 선출안 등을 심사하기 위하여 인사청문특별위원회를 둔다. 다만, 「대통령직 인수에 관한 법률」 제5조 제2항에 따라 대통령당선인이 국무총리 후보자에 대한 인사청문의 실시를 요청하는 경우에 의장은 각 교섭단체 대표의원과 협의하여 그 인사청문을 실시하기 위한 인사청문특별위원회를 둔다.

　　　2. 헌법에 따라 국회에서 선출하는 헌법재판소 재판관 및 중앙선거관리위원회 위원에 대한 선출안

　　• 국회법 제65조의2(인사청문회) ② <u>상임위원회</u>는 다른 법률에 따라 다음 각 호의 어느 하나에 해당하는 공직후보자에 대한 인사청문 요청이 있는 경우 인사청문을 실시하기 위하여 각각 인사청문회를 연다.

　　　1. <u>대통령이 임명하는</u> 헌법재판소 재판관, 중앙선거관리위원회 위원, 국무위원, 방송통신위원회 위원장, 국가정보원장, 공정거래위원회 위원장, 금융위원회 위원장, 국가인권위원회 위원장 ···(하략)

④ [ㅇ] 선거관리위원회법 제11조(회의소집)

　　　① 각급선거관리위원회의 회의는 당해 위원장이 소집한다. 다만, 위원 3분의 1 이상의 요구가 있을 때에는 위원장은 회의를 소집하여야 하며 위원장이 회의소집을 거부할 때에는 회의소집을 요구한 3분의 1 이상의 위원이 직접 회의를 소집할 수 있다.

09 ①

① [ㅇ] 국회법 제17조(임시의장 선거) ··· 임시의장은 무기명투표로 선거하고 재적의원 과반수의 출석과 출석의원 다수득표자를 당선자로 한다.

② [X] 국회법 제9조(의장 · 부의장의 임기)

　　　① 의장과 부의장의 임기는 2년으로 한다. 다만, 국회의원 총선거 후 처음 선출된 의장과 부의장의 임기는 그 선출된 날부터 개시하여 의원의 임기 개시 후 2년이 되는 날까지로 한다.

　　　② <u>보궐선거로 당선된 의장 또는 부의장의 임기는 전임자 임기의 남은 기간으로 한다.</u>

③ [X] • 국회법 제10조(의장의 직무) ··· 의장은 국회를 대표하고 의사를 정리하며, 질서를 유지하고 사무를 감독한다.

　　• 국회법 제11조(의장의 위원회 출석과 발언) ··· 의장은 위원회에 출석하여 발언할 수 있다. <u>다만, 표결에는 참가할 수 없다.</u>

④ [X] 국회법 제12조(부의장의 의장 직무대리) ② 의장이 심신상실 등 부득이한 사유로 의사표시를 할 수 없게 되어 직무대리자를 지정할 수 없을 때에는 <u>소속 의원 수가 많은 교섭단체 소속 부의장의 순으로 의장의 직무를 대행한다.</u>

10 법원에 대한 설명으로 옳지 않은 것은? (다툼이 있는 경우 판례에 의함)

① 임기가 끝난 판사는 인사위원회의 심의를 거치고 대법관회의의 동의를 받아 대법원장의 연임발령으로 연임한다.

② 헌법재판소는 헌법 제110조 제1항에서 "특별법원으로서 군사법원을 둘 수 있다"는 의미를 군사법원을 일반법원과 조직·권한 및 재판관의 자격을 달리하여 특별법원으로 설치할 수 있다는 뜻으로 해석한다.

③ 비상계엄이 선포된 때에는 법률이 정하는 바에 의하여 법원의 권한에 관하여 특별한 조치를 할 수 있으며, 비상계엄하의 군사재판은 군인·군무원의 범죄에 한하여 단심으로 할 수 있다.

④ 근무성적이 현저히 불량하여 판사로서 정상적인 직무를 수행할 수 없는 경우 연임발령을 하지 않도록 규정한 「법원조직법」 조항은 사법의 독립을 침해하지 않는다.

11 탄핵심판에 대한 설명으로 옳지 않은 것은? (다툼이 있는 경우 판례에 의함)

① 탄핵결정에 의하여 파면된 사람은 결정 선고가 있은 날부터 5년이 지나지 아니하면 공무원이 될 수 없다.

② 탄핵사유가 되는 직무집행에서 직무는 법제상 소관 직무에 속하는 고유 업무 및 통념상 이와 관련된 업무를 말한다. 따라서 직무상의 행위란 법령·조례 또는 행정관행·관례에 의하여 그 지위의 성질상 필요로 하거나 수반되는 모든 행위나 활동을 의미한다.

③ 탄핵의 결정을 하기 위해서는 재판관 6인 이상의 찬성이 있어야 하는데, 헌법재판관 1인이 결원이 되어 8인의 재판관으로 재판부가 구성되면 결원 상태인 1인의 재판관은 사실상 탄핵에 찬성하지 않는 의견을 표명한 것과 같은 결과를 가져오므로, 8인의 재판관으로 구성된 재판부는 탄핵심판을 심리하고 결정할 수 없다.

④ 헌법재판소의 탄핵심판절차는 법적 관점에서 단지 탄핵사유의 존부만을 판단하는 것이므로, 피청구인이 직책을 성실히 수행하였는지 여부는 그 자체로 소추사유가 될 수 없어, 탄핵심판절차의 판단대상이 되지 아니한다.

10 ③

① [O] 법원조직법 제45조의2(판사의 연임)

　　① 임기가 끝난 판사는 인사위원회의 심의를 거치고 대법관회의의 동의를 받아 대법원장의 연임발령으로 연임한다.

② [O] 헌법 제110조 제1항에서 "특별법원으로서 군사법원을 둘 수 있다"는 의미는 군사법원을 일반법원과 조직 권한 및 재판관의 자격을 달리하여 특별법원으로 설치할 수 있다는 뜻으로 해석되므로 법률로 군사법원을 설치함에 있어서 군사재판의 특수성을 고려하여 그 조직 권한 및 재판관의 자격을 일반법원과 달리 정하는 것은 헌법상 허용되고 있다(헌재 1996. 10. 31. 93헌바25).

③ [X] • 헌법 제77조

　　③ 비상계엄이 선포된 때에는 법률이 정하는 바에 의하여 영장제도, 언론·출판·집회·결사의 자유, 정부나 <u>법원의 권한에 관하여 특별한 조치를 할 수 있다.</u>

　　• 헌법 제110조

　　<u>④ 비상계엄하의 군사재판은 군인·군무원의 범죄나 군사에 관한 간첩죄의 경우와 초병·초소·유독음식물공급·포로에 관한 죄중 법률이 정한 경우에 한하여 단심으로 할 수 있다.</u> 다만, 사형을 선고한 경우에는 그러하지 아니하다.

④ [O] 근무성적평정을 실제로 운용함에 있어서는 재판의 독립성을 해칠 우려가 있는 사항을 평정사항에서 제외하는 등 평정사항을 한정하고 있으며, 연임 심사과정에서 해당 판사에게 의견진술권 및 자료제출권이 보장되고, 연임하지 않기로 한 결정에 불복하여 행정소송을 제기할 수 있는 점 등을 고려할 때, 판사의 신분보장과 관련한 예측가능성이나 절차상의 보장이 현저히 미흡하다고 볼 수도 없으므로, 이 사건 연임결격조항은 사법의 독립을 침해한다고 볼 수 없다(헌재 2016. 9. 29. 2015헌바331).

11 ③

① [O] 헌법재판소법 제54조(결정의 효력)

　　② 탄핵결정에 의하여 파면된 사람은 결정 선고가 있은 날부터 5년이 지나지 아니하면 공무원이 될 수 없다.

② [O] 헌법 제65조에 규정된 탄핵사유를 구체적으로 살펴보면, '직무집행에 있어서'의 '직무'란, 법제상 소관 직무에 속하는 고유 업무 및 통념상 이와 관련된 업무를 말한다. 따라서 직무상의 행위란, 법령·조례 또는 행정관행·관례에 의하여 그 지위의 성질상 필요로 하거나 수반되는 모든 행위나 활동을 의미한다(헌재 2004. 5. 14. 2004헌나1).

③ [X] 이와 같이 헌법재판관 1인이 결원이 되어 <u>8인의 재판관으로 재판부가 구성되더라도 탄핵심판을 심리하고 결정하는데 헌법과 법률상 아무런 문제가 없다.</u> 또 새로운 헌법재판소장 임명을 기다리며 현재의 헌정위기 상황을 방치할 수 없는 현실적 제약을 감안하면 8인의 재판관으로 구성된 현 재판부가 이 사건 결정을 할 수밖에 없다. 탄핵의 결정을 하기 위해서는 재판관 6인 이상의 찬성이 있어야 하는데 결원 상태인 1인의 재판관은 사실상 탄핵에 찬성하지 않는 의견을 표명한 것과 같은 결과를 가져 오므로, 재판관 결원 상태가 오히려 피청구인에게 유리하게 작용할 것이라는 점에서 <u>피청구인의 공정한 재판받을 권리가 침해된다고 보기도 어렵다</u>(헌재 2017. 3. 10. 2016헌나1).

④ [O] 대통령의 '직책을 성실히 수행할 의무'는 헌법적 의무에 해당하지만, '헌법을 수호해야 할 의무'와는 달리 규범적으로 그 이행이 관철될 수 있는 성격의 의무가 아니므로 원칙적으로 사법적 판단의 대상이 되기는 어렵다. …… 헌법 제65조 제1항은 탄핵사유를 '헌법이나 법률에 위배한 경우'로 제한하고 있고, 헌법재판소의 탄핵심판절차는 법적 관점에서 단지 탄핵사유의 존부만을 판단하는 것이므로, 이 사건에서 청구인이 주장하는 것과 같은 세월호 참사 당일 피청구인이 직책을 성실히 수행하였는지 여부는 그 자체로 소추사유가 될 수 없어, 탄핵심판절차의 판단대상이 되지 아니한다(헌재 2017. 3. 10. 2016헌나1).

12 국정감사 및 국정조사에 대한 설명으로 옳지 않은 것은?

① 「국정감사 및 조사에 관한 법률」에 따르면 본회의는 조사위원회의 중간보고를 받고 조사를 장기간 계속할 필요가 없다고 인정되는 경우에는 의결 없이 조사위원회의 활동기간을 단축할 수 있다.

② 조사위원회의 위원장이 사고가 있거나 그 직무를 수행하기를 거부 또는 기피하여 조사위원회가 활동하기 어려운 때에는 위원장이 소속하지 아니하는 교섭단체 소속의 간사 중에서 소속 의원 수가 많은 교섭단체 소속인 간사의 순으로 위원장의 직무를 대행한다.

③ 국정조사는 국회 재적의원 4분의 1 이상의 요구가 있는 때에 특별위원회 또는 상임위원회가 국정의 특정사안에 대해 행한다.

④ 「국정감사 및 조사에 관한 법률」에 따르면 국정감사의 대상기관 중 지방자치단체는 본회의가 특히 필요하다고 의결하지 않은 이상 특별시 · 광역시 · 도이다.

13 대통령의 권한에 대한 설명으로 옳은 것은?

① 대통령은 국회에 출석하여 발언할 수 있으나 서한으로 의견을 표시할 수는 없다.

② 계엄사령관은 계엄의 시행에 관하여 국방부장관의 지휘 · 감독을 받는다. 다만, 전국을 계엄지역으로 하는 경우와 대통령이 직접 지휘 · 감독을 할 필요가 있는 경우에는 대통령의 지휘 · 감독을 받는다.

③ 대통령은 내란 또는 외환의 죄를 범한 경우를 제외하고는 재직 중 형사상 소추와 민사상 책임을 지지 않는다.

④ 대통령은 법률이 정하는 바에 의하여 사면 · 감형 또는 복권을 명할 수 있으며, 일반사면의 경우 국회의 동의 없이 행할 수 있다.

12 ①

① [X] 국정감사 및 조사에 관한 법률 제9조(조사위원회의 활동기간)

　② 본회의는 조사위원회의 중간보고를 받고 조사를 장기간 계속할 필요가 없다고 인정되는 경우에는 <u>의결로 조사위</u>
<u>원회의 활동기간을 단축할 수 있다.</u>

② [O] 국정감사 및 조사에 관한 법률 제4조(조사위원회)

　③ 조사위원회의 위원장이 사고가 있거나 그 직무를 수행하기를 거부 또는 기피하여 조사위원회가 활동하기 어려운
때에는 위원장이 소속하지 아니하는 교섭단체 소속의 간사 중에서 소속 의원 수가 많은 교섭단체 소속인 간사의
순으로 위원장의 직무를 대행한다.

③ [O] 국정감사 및 조사에 관한 법률 제3조(국정조사)

　① 국회는 재적의원 4분의 1 이상의 요구가 있는 때에는 특별위원회 또는 상임위원회로 하여금 국정의 특정사안에
관하여 국정조사를 하게 한다.

④ [O] 국정감사 및 조사에 관한 법률 제7조(감사의 대상) … 감사의 대상기관은 다음 각 호와 같다.

　2. 지방자치단체 중 특별시·광역시·도. 다만, 그 감사범위는 국가위임사무와 국가가 보조금 등 예산을 지원하는
사업으로 한다.

　4. 제1호부터 제3호까지 외의 지방행정기관, 지방자치단체, 「감사원법」에 따른 감사원의 감사대상기관. 이 경우
본회의가 특히 필요하다고 의결한 경우로 한정한다.

13 ②

① [X] 헌법 제81조 … 대통령은 국회에 출석하여 발언하거나 <u>서한으로 의견을 표시할 수 있다.</u>

② [O] 계엄법 제6조(계엄사령관에 대한 지휘·감독)

　① 계엄사령관은 계엄의 시행에 관하여 국방부장관의 지휘·감독을 받는다. 다만, 전국을 계엄지역으로 하는 경우
와 대통령이 직접 지휘·감독을 할 필요가 있는 경우에는 대통령의 지휘·감독을 받는다.

③ [X] 헌법 제84조 … 대통령은 내란 또는 외환의 죄를 범한 경우를 제외하고는 <u>재직중 형사상의 소추를 받지 아니한다.</u>

④ [X] 헌법 제79조

　② 일반사면을 명하려면 <u>국회의 동의를 얻어야 한다.</u>

14 일반적 행동자유권에 대한 설명으로 옳지 않은 것은? (다툼이 있는 경우 판례에 의함)

① 일반적 행동자유권은 가치 있는 행동만 그 보호영역으로 하는 것은 아니고, 개인의 생활방식과 취미에 관한 사항, 위험한 스포츠를 즐길 권리와 같은 위험한 생활방식으로 살아갈 권리도 포함하므로, 술에 취한 상태로 도로 외의 곳에서 운전하는 것을 금지하고 위반 시 처벌하는 것은 일반적 행동의 자유를 제한한다.

② 일반적 행동자유권의 보호대상으로서 행동이란 국가가 간섭하지 않으면 자유롭게 할 수 있는 행위를 의미하므로 병역의무 이행으로서 현역병 복무도 국가가 간섭하지 않으면 자유롭게 할 수 있는 행위에 속한다는 점에서, 현역병으로 복무할 권리도 일반적 행동자유권에 포함된다.

③ 헌법 제10조에 의하여 보장되는 행복추구권 속에는 일반적 행동자유권이 포함되고, 이 일반적 행동자유권으로부터 계약 체결의 여부, 계약의 상대방, 계약의 방식과 내용 등을 당사자의 자유로운 의사로 결정할 수 있는 계약의 자유가 파생한다.

④ 헌법 제10조가 정하고 있는 행복추구권에서 파생하는 자기결정권 내지 일반적 행동자유권은 이성적이고 책임감 있는 사람의 자기 운명에 대한 결정·선택을 존중하되 그에 대한 책임은 스스로 부담함을 전제로 한다.

15 헌법상 경제질서에 대한 설명으로 옳지 않은 것은? (다툼이 있는 경우 판례에 의함)

① 국방상 또는 국민경제상 긴절한 필요로 인하여 법률이 정하는 경우를 제외하고는, 사영기업을 국유 또는 공유로 이전하거나 그 경영을 통제 또는 관리할 수 없다.

② 농지소유자가 농지를 농업경영에 이용하지 아니하여 농지처분 명령을 받았음에도 불구하고 정당한 사유 없이 이를 이행하지 아니하는 경우, 당해 농지가액의 100분의 20에 상당하는 이행강제금을 그 처분명령이 이행될 때까지 매년 1회 부과할 수 있도록 한 것은 합헌이다.

③ 불매운동의 목표로서 '소비자의 권익'이란 원칙적으로 사업자가 제공하는 물품이나 용역의 소비생활과 관련된 것으로서 상품의 질이나 가격, 유통구조, 안전성 등 시장적 이익에 국한된다.

④ 의약품 도매상 허가를 받기 위해 필요한 창고면적의 최소 기준을 규정하고 있는 「약사법」 조항들은 국가의 중소기업 보호·육성의무를 위반하였다.

14 ②

① [○] 일반적 행동자유권은 가치 있는 행동만 그 보호영역으로 하는 것은 아니다. 그 보호영역에는 개인의 생활방식과 취미에 관한 사항도 포함되며, 여기에는 위험한 스포츠를 즐길 권리와 같은 위험한 생활방식으로 살아갈 권리도 포함된다. 그런데 심판대상조항은 술에 취한 상태로 도로 외의 곳에서 운전하는 것을 금지하고 이에 위반했을 때 처벌하도록 하고 있으므로 일반적 행동의 자유를 제한한다(헌재 2016. 2. 25. 2015헌가11).

② [X] 헌법 제10조의 행복추구권에서 파생하는 일반적 행동자유권은 모든 행위를 하거나 하지 않을 자유를 내용으로 하나, 그 보호대상으로서의 행동이란 국가가 간섭하지 않으면 자유롭게 할 수 있는 행위 내지 활동을 의미하고, 이를 국가권력이 가로막거나 강제하는 경우 자유권의 침해로서 논의될 수 있다 할 것인데, 병역의무의 이행으로서의 현역병 복무는 국가가 간섭하지 않으면 자유롭게 할 수 있는 행위에 속하지 않으므로, 현역병으로 복무할 권리가 일반적 행동자유권에 포함된다고 할 수도 없다(헌재 2010. 12. 28. 2008헌마527).

③ [○] 헌법 제10조에 의하여 보장되는 행복추구권 속에는 일반적 행동자유권이 포함되고, 이 일반적 행동자유권으로부터 계약 체결의 여부, 계약의 상대방, 계약의 방식과 내용 등을 당사자의 자유로운 의사로 결정할 수 있는 계약의 자유가 파생된다(헌재 2013. 10. 24. 2010헌마219).

④ [○] 헌법 제10조가 정하고 있는 행복추구권에서 파생되는 자기결정권 내지 일반적 행동자유권은 이성적이고 책임감 있는 사람의 자기 운명에 대한 결정·선택을 존중하되 그에 대한 책임은 스스로 부담함을 전제로 한다(헌재 2017. 5. 25. 2014헌바360).

15 ④

① [○] 헌법 제126조 … 국방상 또는 국민경제상 긴절한 필요로 인하여 법률이 정하는 경우를 제외하고는, 사영기업을 국유 또는 공유로 이전하거나 그 경영을 통제 또는 관리할 수 없다.

② [○] 농지를 자유롭게 이용할 수 있는 개인의 권리의 제한에 비하여, 농지의 효율적인 이용과 관리를 통하여 국민의 안정적 식량생산기반을 유지하고 헌법상의 경자유전원칙을 실현한다는 공적 이익이 훨씬 크므로, 법익의 균형성도 충족한다(헌재 2010. 2. 25. 2010헌바39).

③ [○] 불매운동의 목표로서의 '소비자의 권익'이란 원칙적으로 사업자가 제공하는 물품이나 용역의 소비생활과 관련된 것으로서 상품의 질이나 가격, 유통구조, 안전성 등 시장적 이익에 국한된다(헌재 2011. 12. 29. 2010헌바54).

④ [X] 또한 반드시 264제곱미터 이상의 단일 창고를 구비해야 하는 것은 아니고, 창고를 보유하지 않아도 기준을 충족하는 창고 시설을 갖춘 도매상에 의약품의 보관, 배송 등 유통관리 업무를 위탁하는 방법으로 영업이 가능하다. 이와 같은 사정들을 종합해 보면 이 사건 법률조항들이 청구인의 직업수행의 자유를 침해한다고 볼 수 없다(헌재 2014. 4. 24. 2012헌마811).

16 집회의 자유에 대한 설명으로 옳지 않은 것은? (다툼이 있는 경우 판례에 의함)

① 국무총리 공관 경계지점으로부터 100 미터 이내의 장소에서 옥외집회 또는 시위를 예외 없이 절대적으로 금지하고 있는 법률조항은 집회의 자유를 침해한다.

② 집회의 자유는 집회의 시간, 장소, 방법과 목적을 스스로 결정하는 것을 보장하는 것으로, 구체적으로 보호되는 주요 행위는 집회의 준비 및 조직, 지휘, 참가, 집회장소·시간의 선택이라고 할 수 있다.

③ 외교기관 인근의 옥외집회·시위를 원칙적으로 금지하면서도 외교기관의 기능을 침해할 우려가 없는 예외적인 경우에는 허용하고 있다면 집회의 자유를 침해하는 것은 아니다.

④ 국회의 헌법적 기능에 대한 보호의 필요성을 고려한다면 국회의사당의 경계지점으로부터 100미터 이내의 장소에서 예외 없이 옥외집회를 금지하는 것은 지나친 규제라고 할 수 없다.

16 ④

① [O] 그럼에도 불구하고 이 사건 금지장소 조항은 전제되는 위험 상황이 구체적으로 존재하지 않는 경우까지도 예외 없이 국무총리 공관 인근에서의 옥외집회·시위를 금지하고 있는바, 이는 입법목적의 달성에 필요한 범위를 넘는 과도한 제한이라고 할 것이다. …… 이 사건 금지장소 조항은 입법 목적의 정당성과 수단의 적절성이 인정된다고 하더라도, 침해의 최소성 및 법익의 균형성 원칙에 반한다고 할 것이므로 과잉금지원칙을 위반하여 집회의 자유를 침해한다(헌재 2018.6.28. 2015헌가28).

② [O] 집회의 자유는 집회의 시간, 장소, 방법과 목적을 스스로 결정할 권리를 보장한다. 집회의 자유에 의하여 구체적으로 보호되는 주요행위는 집회의 준비 및 조직, 지휘, 참가, 집회장소·시간의 선택이다(헌재 2003. 10. 30. 2000헌바67).

③ [O] 나아가 이 사건 법률조항은 외교기관의 경계지점으로부터 반경 100미터 이내 지점에서의 집회 및 시위를 원칙적으로 금지하되, 그 가운데에서도 외교기관의 기능이나 안녕을 침해할 우려가 없다고 인정되는 세 가지의 예외적인 경우에는 이러한 집회 및 시위를 허용하고 있는바, 이는 입법기술상 가능한 최대한의 예외적 허용 규정이며, 그 예외적 허용 범위는 적절하다고 보이므로 이보다 더 넓은 범위의 예외를 인정하지 않는 것을 두고 침해의 최소성원칙에 반한다고 할 수 없다. 그리고 이 사건 법률조항으로 달성하고자 하는 공익은 외교기관의 기능과 안전의 보호라는 국가적 이익이며, 이 사건 법률조항은 법익충돌의 위험성이 없는 경우에는 외교기관 인근에서의 집회나 시위도 허용함으로써 구체적인 상황에 따라 상충하는 법익 간의 조화를 이루고 있다. 따라서 이 사건 법률조항이 청구인의 집회의 자유를 침해한다고 할 수 없다(헌재 2010. 10. 28. 2010헌마111).

④ [X] 심판대상조항은 입법목적을 달성하는 데 필요한 최소한도의 범위를 넘어, 규제가 불필요하거나 또는 예외적으로 허용하는 것이 가능한 집회까지도 <u>이를 일률적·전면적으로 금지하고 있으므로 침해의 최소성 원칙에 위배된다.</u> …… 심판대상조항으로 달성하려는 공익이 제한되는 집회의 자유 정도보다 크다고 단정할 수는 없다고 할 것이므로 심판대상조항은 법익의 균형성 원칙에도 위배된다(헌재 2018. 5. 31. 2013헌바322).

17 표현의 자유에 대한 설명으로 옳지 않은 것은? (다툼이 있는 경우 판례에 의함)

① 의료광고의 심의기관이 행정기관인가 여부는 기관의 형식에 의하기보다는 그 실질에 따라 판단하여야 하며, 민간심의기구가 심의를 담당하는 경우에도 행정권의 개입 때문에 사전심의에 자율성이 보장되지 않는다면, 헌법이 금지하는 행정기관에 의한 사전검열에 해당하게 될 것이다.

② 「출판사 및 인쇄소의 등록에 관한 법률」 규정 중 '음란한 간행물' 부분은 헌법에 위반되지 아니하고, '저속한 간행물' 부분은 명확성의 원칙에 반할 뿐만 아니라 출판의 자유와 성인의 알 권리를 침해하는 것으로 헌법에 위반된다.

③ 「신문 등의 진흥에 관한 법률」의 등록조항은 인터넷신문의 명칭, 발행인과 편집인의 인적사항 등 인터넷신문의 외형적이고 객관적 사항을 제한적으로 등록하도록 하고 있는 바, 이는 인터넷신문에 대한 인적 요건의 규제 및 확인에 관한 것으로 인터넷신문의 내용을 심사·선별하여 사전에 통제하기 위한 규정으로 사전허가금지원칙에 위배된다.

④ 헌법상 사전검열은 표현의 자유 보호대상이면 예외 없이 금지되므로, 건강기능식품의 기능성 광고는 인체의 구조 및 기능에 대하여 보건용도에 유용한 효과를 준다는 기능성 등에 관한 정보를 널리 알려 해당 건강기능식품의 소비를 촉진시키기 위한 상업광고이지만, 헌법 제21조 제1항의 표현의 자유의 보호 대상이 됨과 동시에 같은 조 제2항의 사전검열 금지 대상도 된다.

17 ③

① [○] 의료광고의 심의기관이 행정기관인가 여부는 기관의 형식에 의하기보다는 그 실질에 따라 판단되어야 한다. 따라서 검열을 행정기관이 아닌 독립적인 위원회에서 행한다고 하더라도, 행정권이 주체가 되어 검열절차를 형성하고 검열 기관의 구성에 지속적인 영향을 미칠 수 있는 경우라면 실질적으로 그 검열기관은 행정기관이라고 보아야 한다(헌재 2015. 12. 23. 2015헌바75).

② [○] "음란"의 개념과는 달리 "저속"의 개념은 그 적용범위가 매우 광범위할 뿐만 아니라 법관의 보충적인 해석에 의한다 하더라도 그 의미내용을 확정하기 어려울 정도로 매우 추상적이다. 이 "저속"의 개념에는 출판사등록이 취소되는 성적 표현의 하한이 열려 있을 뿐만 아니라 폭력성이나 잔인성 및 천한 정도도 그 하한이 모두 열려 있기 때문에 출판을 하고자 하는 자는 어느 정도로 자신의 표현내용을 조절해야 되는지를 도저히 알 수 없도록 되어 있어 명확 성의 원칙 및 과도한 광범성의 원칙에 반한다(헌재 1998. 4. 30. 95헌가16).

③ [X] 등록조항은 인터넷신문의 명칭, 발행인과 편집인의 인적사항 등 인터넷신문의 외형적이고 객관적 사항을 제한적으로 등록하도록 하고 있고, 고용조항 및 확인조항은 5인 이상 취재 및 편집 인력을 고용하되, 그 확인을 위해 등록 시 서류를 제출하도록 하고 있다. 이런 조항들은 인터넷신문에 대한 인적 요건의 규제 및 확인에 관한 것으로, 인터넷 신문의 내용을 심사·선별하여 사전에 통제하기 위한 규정이 아님이 명백하다. 따라서 등록조항은 사전허가금지원 칙에도 위배되지 않는다(헌재 2016. 10. 27. 2015헌마1206).

④ [○] 헌법상 사전검열은 표현의 자유 보호대상이면 예외 없이 금지된다. 건강기능식품의 기능성 광고는 인체의 구조 및 기능에 대하여 보건용도에 유용한 효과를 준다는 기능성 등에 관한 정보를 널리 알려 해당 건강기능식품의 소비를 촉진시키기 위한 상업광고이지만, 헌법 제21조 제1항의 표현의 자유의 보호 대상이 됨과 동시에 같은 조 제2항의 사전검열 금지 대상도 된다(헌재 2019. 5. 30. 2019헌가4).

18 신체의 자유 및 적법절차에 대한 설명으로 옳지 않은 것은? (다툼이 있는 경우 판례에 의함)

① 형벌법규는 문언에 따라 엄격하게 해석·적용하여야 하고 피고인에게 불리한 방향으로 지나치게 확장해석하거나 유추해석하여서는 아니되지만, 형벌법규의 해석에서도 법률문언의 통상적인 의미를 벗어나지 않는 한 그 법률의 입법취지와 목적, 입법연혁 등을 고려한 목적론적 해석이 배제되는 것은 아니다.

② 강제퇴거명령을 받은 사람을 즉시 대한민국 밖으로 송환할 수 없으면 송환할 수 있을 때까지 보호시설에 보호할 수 있도록 규정한 「출입국관리법」 제63조 제1항은 과잉금지원칙에 반하여 신체의 자유를 침해하지 아니한다.

③ 변호인의 조력을 받을 권리란 변호인과 신체구속을 당한 사람 사이의 충분한 접견교통을 허용함은 물론 교통내용에 대하여 비밀이 보장되고 부당한 간섭이 없어야 하는 것이며, 이러한 취지는 변호인과 미결수용자 사이의 서신에는 적용되지 않는다.

④ 헌법 제12조 제2항이 보장하는 진술거부권은 피고인 또는 피의자가 공판절차나 수사절차에서 법원 또는 수사기관의 신문에 대하여 형사상 자신에게 불리한 진술을 거부할 수 있는 권리이다.

19 정당에 대한 설명으로 옳지 않은 것은? (다툼이 있는 경우 판례에 의함)

① 국회의원선거에 참여하여 의석을 얻지 못하고 유효투표총수의 100분의 2 이상을 득표하지 못한 정당에 대해 그 등록을 취소하도록 한 구 「정당법」의 정당등록취소 조항은 정당설립의 자유를 침해한다.

② 정당이 새로운 당명으로 합당하거나 다른 정당에 합당될 때에는 합당을 하는 정당들의 대의기관이나 그 수임기관의 합동회의의 결의로써 합당할 수 있다.

③ 헌법재판소의 결정에 의하여 해산된 정당의 명칭과 동일한 명칭은 해산된 날부터 최초로 실시하는 임기만료에 의한 국회의원선거의 선거일까지만 정당의 명칭으로 사용할 수 없다.

④ 정당의 시·도당 하부조직의 운영을 위하여 당원협의회 등의 사무소를 두는 것을 금지한 구 「정당법」 조항은 정당활동의 자유를 침해하지 않는다.

18 ③

① [O] 물론 형벌법규는 문언에 따라 엄격하게 해석·적용하여야 하고 피고인에게 불리한 방향으로 지나치게 확장해석하거나 유추해석하여서는 아니된다. 그러나 형벌법규의 해석에 있어서도 법률문언의 통상적인 의미를 벗어나지 않는 한 그 법률의 입법취지와 목적, 입법연혁 등을 고려한 목적론적 해석이 배제되는 것은 아니다(대판 2002. 2. 21. 2001도2819).

② [O] 출입국관리법상 보호는 국가행정인 출입국관리행정의 일환이며, 주권국가로서의 기능을 수행하는 데 필요한 것이므로 일정부분 입법정책적으로 결정될 수 있다. …… 강제퇴거대상자의 송환이 언제 가능해질 것인지 미리 알 수가 없으므로, 심판대상조항이 보호기간의 상한을 두지 않은 것은 입법목적 달성을 위해 불가피한 측면이 있다. 따라서 심판대상조항은 침해의 최소성 및 법익의 균형성 요건도 충족한다. 그러므로 심판대상조항은 과잉금지원칙에 위배되어 신체의 자유를 침해하지 아니한다(헌재 2018. 2. 22. 2017헌가29).

③ [X] 그러나 헌법 제12조 제4항 본문은 "누구든지 체포 또는 구속을 당한 때에는 즉시 변호인의 조력을 받을 권리를 가진다."라고 규정하여 변호인의 조력을 받을 권리를 보장하고 있으므로, <u>미결수용자의 서신 중 변호인과의 서신은 다른 서신에 비하여 특별한 보호를 받아야 할 것이다</u>(헌재 1995. 7. 21. 92헌마144).

④ [O] 헌법 제12조 제2항은 "모든 국민은 …… 형사상 자기에게 불리한 진술을 강요당하지 아니한다."라고 하여 형사상 자기에게 불리한 진술이나 증언을 거부할 수 있는 진술거부권을 보장하고 있는바, 이는 피고인 또는 피의자가 공판절차나 수사절차에서 법원 또는 수사기관의 신문에 대하여 형사상 자신에게 불리한 진술을 거부할 수 있는 권리를 말하는 것이라 할 것이다(헌재 1998. 7. 16. 96헌바35).

19 ③

① [O] 그러나 정당등록의 취소는 정당의 존속 자체를 박탈하여 모든 형태의 정당활동을 불가능하게 하므로, 그에 대한 입법은 필요최소한의 범위에서 엄격한 기준에 따라 이루어져야 한다. …… 정당등록취소조항은 침해의 최소성 요건을 갖추지 못하였다. 나아가, 정당등록취소조항은 어느 정당이 대통령선거나 지방자치선거에서 아무리 좋은 성과를 올리더라도 국회의원선거에서 일정 수준의 지지를 얻는 데 실패하면 등록이 취소될 수밖에 없어 불합리하고, 신생·군소정당으로 하여금 국회의원선거에의 참여 자체를 포기하게 할 우려도 있어 법익의 균형성 요건도 갖추지 못하였다. 따라서 정당등록취소조항은 과잉금지원칙에 위반되어 청구인들의 정당설립의 자유를 침해한다(헌재 2014. 1. 28. 2012헌마431).

② [O] 정당법 제19조(합당)
  ① 정당이 새로운 당명으로 합당하거나 다른 정당에 합당될 때에는 합당을 하는 정당들의 대의기관이나 그 수임기관의 합동회의의 결의로써 합당할 수 있다.

③ [X] 정당법 제41조(유사명칭 등의 사용금지)
  ② <u>헌법재판소의 결정에 의하여 해산된 정당의 명칭과 같은 명칭은 정당의 명칭으로 다시 사용하지 못한다.</u>

④ [O] 심판대상조항은 임의기구인 당원협의회를 둘 수 있도록 하되, 과거 지구당 제도의 폐해가 되풀이되는 것을 방지하고 고비용 저효율의 정당구조를 개선하기 위해 사무소를 설치할 수 없도록 하는 것이므로 그 입법목적은 정당하고, 수단의 적절성도 인정된다. …… 심판대상조항으로 인해 침해되는 사익은 당원협의회 사무소를 설치하지 못하는 불이익에 불과한 반면, 심판대상조항이 달성하고자 하는 고비용 저효율의 정당구조 개선이라는 공익은 위와 같은 불이익에 비하여 결코 작다고 할 수 없어 심판대상조항은 법익균형성도 충족되었다. 따라서 심판대상조항은 제청신청인의 정당활동의 자유를 침해하지 아니한다(2016. 3. 31. 2013헌가22).

20 헌법재판소의 위헌결정의 효력에 대한 설명으로 옳지 않은 것은? (다툼이 있는 경우 판례에 의함)

① 법률의 위헌결정은 법원과 그 밖의 국가기관 및 지방자치단체를 기속한다.

② 행정작용을 포함한 공권력 작용을 대상으로 한 권리구제형 헌법소원에 있어서 판단유탈은 재심사유가 되지 아니한다.

③ 형벌에 관한 법률 또는 법률의 조항에 대한 위헌결정과 관련하여 해당 법률 또는 법률의 조항에 대하여 종전에 합헌으로 결정한 사건이 있는 경우에는 그 결정이 있는 날의 다음 날로 소급하여 효력을 상실한다.

④ 헌법재판소 결정문의 결정이유에 대하여 재판관 5인만이 찬성한 경우에는 위헌결정이유의 기속력을 인정할 여지가 없다.

20 ②

 나노해설

① [○] 헌법재판소법 제47조(위헌결정의 효력)

　① 법률의 위헌결정은 법원과 그 밖의 국가기관 및 지방자치단체를 기속한다.

② [X] 공권력의 작용에 대한 권리구제형 헌법소원심판절차에 있어서 '헌법재판소의 결정에 영향을 미칠 중대한 사항에 관하여 판단을 유탈한 때'를 재심사유로 허용하는 것이 헌법재판의 성질에 반한다고 볼 수는 없으므로, <u>민사소송법 제422조 제1항 제9호를 준용하여 "판단유탈"도 재심사유로 허용되어야 한다</u>(헌재 2001. 9. 27. 2001헌아3).

③ [○] 헌법재판소법 제47조(위헌결정의 효력)

　③ 제2항에도 불구하고 형벌에 관한 법률 또는 법률의 조항은 소급하여 그 효력을 상실한다. 다만, 해당 법률 또는 법률의 조항에 대하여 종전에 합헌으로 결정한 사건이 있는 경우에는 그 결정이 있는 날의 다음 날로 소급하여 효력을 상실한다.

④ [○] 앞서 본 바와 같이 결정이유에까지 기속력을 인정할지 여부 등에 대하여는 신중하게 접근할 필요가 있을 것이나 설령 결정이유에까지 기속력을 인정한다고 하더라도, 이 사건의 경우 위헌결정 이유 중 비맹제외기준이 과잉금지원칙에 위반한다는 점에 대하여 기속력을 인정할 수 있으려면, <u>결정주문을 뒷받침하는 결정이유에 대하여 적어도 위헌결정의 정족수인 재판관 6인 이상의 찬성이 있어야 할 것이고</u>(헌법 제113조 제1항 및 헌법재판소법 제23조 제2항 참조), <u>이에 미달할 경우에는 결정이유에 대하여 기속력을 인정할 여지가 없다고 할 것인바,</u> (중략) <u>재판관 5인만이 찬성하였을 뿐이므로 위 과잉금지원칙 위반의 점에 대하여 기속력이 인정될 여지가 없다고 할 것이다</u>(헌재 2008. 10. 30. 2006헌마1098).

부록

대한민국헌법

[시행 1988. 2. 25.] [헌법 제10호, 1987. 10. 29., 전부개정]

전문

유구한 역사와 전통에 빛나는 우리 대한국민은 3 · 1운동으로 건립된 대한민국임시정부의 법통과 불의에 항거한 4 · 19민주이념을 계승하고, 조국의 민주개혁과 평화적 통일의 사명에 입각하여 정의 · 인도와 동포애로써 민족의 단결을 공고히 하고, 모든 사회적 폐습과 불의를 타파하며, 자율과 조화를 바탕으로 자유민주적 기본질서를 더욱 확고히 하여 정치 · 경제 · 사회 · 문화의 모든 영역에 있어서 각인의 기회를 균등히 하고, 능력을 최고도로 발휘하게 하며, 자유와 권리에 따르는 책임과 의무를 완수하게 하여, 안으로는 국민생활의 균등한 향상을 기하고 밖으로는 항구적인 세계평화와 인류공영에 이바지함으로써 우리들과 우리들의 자손의 안전과 자유와 행복을 영원히 확보할 것을 다짐하면서 1948년 7월 12일에 제정되고 8차에 걸쳐 개정된 헌법을 이제 국회의 의결을 거쳐 국민투표에 의하여 개정한다.

제1장 총강

제1조

① 대한민국은 민주공화국이다.

② 대한민국의 주권은 국민에게 있고, 모든 권력은 국민으로부터 나온다.

제2조

① 대한민국의 국민이 되는 요건은 법률로 정한다.

② 국가는 법률이 정하는 바에 의하여 재외국민을 보호할 의무를 진다.

제3조

대한민국의 영토는 한반도와 그 부속도서로 한다.

제4조

대한민국은 통일을 지향하며, 자유민주적 기본질서에 입각한 평화적 통일 정책을 수립하고 이를 추진한다.

제5조

① 대한민국은 국제평화의 유지에 노력하고 침략적 전쟁을 부인한다.

② 국군은 국가의 안전보장과 국토방위의 신성한 의무를 수행함을 사명으로 하며, 그 정치적 중립성은 준수된다.

제6조

① 헌법에 의하여 체결·공포된 조약과 일반적으로 승인된 국제법규는 국내법과 같은 효력을 가진다.

② 외국인은 국제법과 조약이 정하는 바에 의하여 그 지위가 보장된다.

제7조

① 공무원은 국민전체에 대한 봉사자이며, 국민에 대하여 책임을 진다.

② 공무원의 신분과 정치적 중립성은 법률이 정하는 바에 의하여 보장된다.

제8조

① 정당의 설립은 자유이며, 복수정당제는 보장된다.

② 정당은 그 목적·조직과 활동이 민주적이어야 하며, 국민의 정치적 의사형성에 참여하는데 필요한 조직을 가져야 한다.

③ 정당은 법률이 정하는 바에 의하여 국가의 보호를 받으며, 국가는 법률이 정하는 바에 의하여 정당운영에 필요한 자금을 보조할 수 있다.

④ 정당의 목적이나 활동이 민주적 기본질서에 위배될 때에는 정부는 헌법재판소에 그 해산을 제소할 수 있고, 정당은 헌법재판소의 심판에 의하여 해산된다.

제9조

국가는 전통문화의 계승·발전과 민족문화의 창달에 노력하여야 한다.

제2장 국민의 권리와 의무

제10조

모든 국민은 인간으로서의 존엄과 가치를 가지며, 행복을 추구할 권리를 가진다. 국가는 개인이 가지는 불가침의 기본적 인권을 확인하고 이를 보장할 의무를 진다.

제11조

① 모든 국민은 법 앞에 평등하다. 누구든지 성별·종교 또는 사회적 신분에 의하여 정치적·경제적·사회적·문화적 생활의 모든 영역에 있어서 차별을 받지 아니한다.

② 사회적 특수계급의 제도는 인정되지 아니하며, 어떠한 형태로도 이를 창설할 수 없다.

③ 훈장등의 영전은 이를 받은 자에게만 효력이 있고, 어떠한 특권도 이에 따르지 아니한다.

제12조

① 모든 국민은 신체의 자유를 가진다. 누구든지 법률에 의하지 아니하고는 체포·구속·압수·수색 또는 심문을 받지 아니하며, 법률과 적법한 절차에 의하지 아니하고는 처벌·보안처분 또는 강제노역을 받지 아니한다.

② 모든 국민은 고문을 받지 아니하며, 형사상 자기에게 불리한 진술을 강요당하지 아니한다.

③ 체포·구속·압수 또는 수색을 할 때에는 적법한 절차에 따라 검사의 신청에 의하여 법관이 발부한 영장을 제시하여야 한다. 다만, 현행범인인 경우와 장기 3년 이상의 형에 해당하는 죄를 범하고 도피 또는 증거인멸의 염려가 있을 때에는 사후에 영장을 청구할 수 있다.

④ 누구든지 체포 또는 구속을 당한 때에는 즉시 변호인의 조력을 받을 권리를 가진다. 다만, 형사피고인이 스스로 변호인을 구할 수 없을 때에는 법률이 정하는 바에 의하여 국가가 변호인을 붙인다.

⑤ 누구든지 체포 또는 구속의 이유와 변호인의 조력을 받을 권리가 있음을 고지받지 아니하고는 체포 또는 구속을 당하지 아니한다. 체포 또는 구속을 당한 자의 가족등 법률이 정하는 자에게는 그 이유와 일시·장소가 지체없이 통지되어야 한다.

⑥ 누구든지 체포 또는 구속을 당한 때에는 적부의 심사를 법원에 청구할 권리를 가진다.

⑦ 피고인의 자백이 고문·폭행·협박·구속의 부당한 장기화 또는 기망 기타의 방법에 의하여 자의로 진술된 것이 아니라고 인정될 때 또는 정식재판에 있어서 피고인의 자백이 그에게 불리한 유일한 증거일 때에는 이를 유죄의 증거로 삼거나 이를 이유로 처벌할 수 없다.

제13조

① 모든 국민은 행위시의 법률에 의하여 범죄를 구성하지 아니하는 행위로 소추되지 아니하며, 동일한 범죄에 대하여 거듭 처벌받지 아니한다.

② 모든 국민은 소급입법에 의하여 참정권의 제한을 받거나 재산권을 박탈당하지 아니한다.

③ 모든 국민은 자기의 행위가 아닌 친족의 행위로 인하여 불이익한 처우를 받지 아니한다.

제14조

모든 국민은 거주 · 이전의 자유를 가진다.

제15조

모든 국민은 직업선택의 자유를 가진다.

제16조

모든 국민은 주거의 자유를 침해받지 아니한다. 주거에 대한 압수나 수색을 할 때에는 검사의 신청에 의하여 법관이 발부한 영장을 제시하여야 한다.

제17조

모든 국민은 사생활의 비밀과 자유를 침해받지 아니한다.

제18조

모든 국민은 통신의 비밀을 침해받지 아니한다.

제19조

모든 국민은 양심의 자유를 가진다.

제20조

① 모든 국민은 종교의 자유를 가진다.

② 국교는 인정되지 아니하며, 종교와 정치는 분리된다.

제21조

① 모든 국민은 언론·출판의 자유와 집회·결사의 자유를 가진다.

② 언론·출판에 대한 허가나 검열과 집회·결사에 대한 허가는 인정되지 아니한다.

③ 통신·방송의 시설기준과 신문의 기능을 보장하기 위하여 필요한 사항은 법률로 정한다.

④ 언론·출판은 타인의 명예나 권리 또는 공중도덕이나 사회윤리를 침해하여서는 아니된다. 언론·출판이 타인의 명예나 권리를 침해한 때에는 피해자는 이에 대한 피해의 배상을 청구할 수 있다.

제22조

① 모든 국민은 학문과 예술의 자유를 가진다.

② 저작자·발명가·과학기술자와 예술가의 권리는 법률로써 보호한다.

제23조

① 모든 국민의 재산권은 보장된다. 그 내용과 한계는 법률로 정한다.

② 재산권의 행사는 공공복리에 적합하도록 하여야 한다.

③ 공공필요에 의한 재산권의 수용·사용 또는 제한 및 그에 대한 보상은 법률로써 하되, 정당한 보상을 지급하여야 한다.

제24조

모든 국민은 법률이 정하는 바에 의하여 선거권을 가진다.

제25조

모든 국민은 법률이 정하는 바에 의하여 공무담임권을 가진다.

제26조

① 모든 국민은 법률이 정하는 바에 의하여 국가기관에 문서로 청원할 권리를 가진다.

② 국가는 청원에 대하여 심사할 의무를 진다.

제27조

① 모든 국민은 헌법과 법률이 정한 법관에 의하여 법률에 의한 재판을 받을 권리를 가진다.

② 군인 또는 군무원이 아닌 국민은 대한민국의 영역안에서는 중대한 군사상 기밀·초병·초소·유독음식물공급·포로·군용물에 관한 죄중 법률이 정한 경우와 비상계엄이 선포된 경우를 제외하고는 군사법원의 재판을 받지 아니한다.

③ 모든 국민은 신속한 재판을 받을 권리를 가진다. 형사피고인은 상당한 이유가 없는 한 지체없이 공개재판을 받을 권리를 가진다.

④ 형사피고인은 유죄의 판결이 확정될 때까지는 무죄로 추정된다.

⑤ 형사피해자는 법률이 정하는 바에 의하여 당해 사건의 재판절차에서 진술할 수 있다.

제28조

형사피의자 또는 형사피고인으로서 구금되었던 자가 법률이 정하는 불기소처분을 받거나 무죄판결을 받은 때에는 법률이 정하는 바에 의하여 국가에 정당한 보상을 청구할 수 있다.

제29조

① 공무원의 직무상 불법행위로 손해를 받은 국민은 법률이 정하는 바에 의하여 국가 또는 공공단체에 정당한 배상을 청구할 수 있다. 이 경우 공무원 자신의 책임은 면제되지 아니한다.

② 군인·군무원·경찰공무원 기타 법률이 정하는 자가 전투·훈련등 직무집행과 관련하여 받은 손해에 대하여는 법률이 정하는 보상외에 국가 또는 공공단체에 공무원의 직무상 불법행위로 인한 배상은 청구할 수 없다.

제30조

타인의 범죄행위로 인하여 생명·신체에 대한 피해를 받은 국민은 법률이 정하는 바에 의하여 국가로부터 구조를 받을 수 있다.

제31조

① 모든 국민은 능력에 따라 균등하게 교육을 받을 권리를 가진다.

② 모든 국민은 그 보호하는 자녀에게 적어도 초등교육과 법률이 정하는 교육을 받게 할 의무를 진다.

③ 의무교육은 무상으로 한다.

④ 교육의 자주성·전문성·정치적 중립성 및 대학의 자율성은 법률이 정하는 바에 의하여 보장된다.

⑤ 국가는 평생교육을 진흥하여야 한다.

⑥ 학교교육 및 평생교육을 포함한 교육제도와 그 운영, 교육재정 및 교원의 지위에 관한 기본적인 사항은 법률로 정한다.

제32조

① 모든 국민은 근로의 권리를 가진다. 국가는 사회적·경제적 방법으로 근로자의 고용의 증진과 적정임금의 보장에 노력하여야 하며, 법률이 정하는 바에 의하여 최저임금제를 시행하여야 한다.

② 모든 국민은 근로의 의무를 진다. 국가는 근로의 의무의 내용과 조건을 민주주의원칙에 따라 법률로 정한다.

③ 근로조건의 기준은 인간의 존엄성을 보장하도록 법률로 정한다.

④ 여자의 근로는 특별한 보호를 받으며, 고용·임금 및 근로조건에 있어서 부당한 차별을 받지 아니한다.

⑤ 연소자의 근로는 특별한 보호를 받는다.

⑥ 국가유공자·상이군경 및 전몰군경의 유가족은 법률이 정하는 바에 의하여 우선적으로 근로의 기회를 부여받는다.

제33조

① 근로자는 근로조건의 향상을 위하여 자주적인 단결권·단체교섭권 및 단체행동권을 가진다.

② 공무원인 근로자는 법률이 정하는 자에 한하여 단결권·단체교섭권 및 단체행동권을 가진다.

③ 법률이 정하는 주요방위산업체에 종사하는 근로자의 단체행동권은 법률이 정하는 바에 의하여 이를 제한하거나 인정하지 아니할 수 있다.

제34조

① 모든 국민은 인간다운 생활을 할 권리를 가진다.

② 국가는 사회보장·사회복지의 증진에 노력할 의무를 진다.

③ 국가는 여자의 복지와 권익의 향상을 위하여 노력하여야 한다.

④ 국가는 노인과 청소년의 복지향상을 위한 정책을 실시할 의무를 진다.

⑤ 신체장애자 및 질병·노령 기타의 사유로 생활능력이 없는 국민은 법률이 정하는 바에 의하여 국가의 보호를 받는다.

⑥ 국가는 재해를 예방하고 그 위험으로부터 국민을 보호하기 위하여 노력하여야 한다.

제35조

① 모든 국민은 건강하고 쾌적한 환경에서 생활할 권리를 가지며, 국가와 국민은 환경보전을 위하여 노력하여야 한다.

② 환경권의 내용과 행사에 관하여는 법률로 정한다.

③ 국가는 주택개발정책등을 통하여 모든 국민이 쾌적한 주거생활을 할 수 있도록 노력하여야 한다.

제36조

① 혼인과 가족생활은 개인의 존엄과 양성의 평등을 기초로 성립되고 유지되어야 하며, 국가는 이를 보장한다.

② 국가는 모성의 보호를 위하여 노력하여야 한다.

③ 모든 국민은 보건에 관하여 국가의 보호를 받는다.

제37조

① 국민의 자유와 권리는 헌법에 열거되지 아니한 이유로 경시되지 아니한다.

② 국민의 모든 자유와 권리는 국가안전보장·질서유지 또는 공공복리를 위하여 필요한 경우에 한하여 법률로써 제한할 수 있으며, 제한하는 경우에도 자유와 권리의 본질적인 내용을 침해할 수 없다.

제38조

모든 국민은 법률이 정하는 바에 의하여 납세의 의무를 진다.

제39조

① 모든 국민은 법률이 정하는 바에 의하여 국방의 의무를 진다.

② 누구든지 병역의무의 이행으로 인하여 불이익한 처우를 받지 아니한다.

제3장 국회

제40조

입법권은 국회에 속한다.

제41조

① 국회는 국민의 보통·평등·직접·비밀선거에 의하여 선출된 국회의원으로 구성한다.

② 국회의원의 수는 법률로 정하되, 200인 이상으로 한다.

③ 국회의원의 선거구와 비례대표제 기타 선거에 관한 사항은 법률로 정한다.

제42조

국회의원의 임기는 4년으로 한다.

제43조

국회의원은 법률이 정하는 직을 겸할 수 없다.

제44조

① 국회의원은 현행범인인 경우를 제외하고는 회기중 국회의 동의없이 체포 또는 구금되지 아니한다.

② 국회의원이 회기전에 체포 또는 구금된 때에는 현행범인이 아닌 한 국회의 요구가 있으면 회기중 석방된다.

제45조

국회의원은 국회에서 직무상 행한 발언과 표결에 관하여 국회외에서 책임을 지지 아니한다.

제46조

① 국회의원은 청렴의 의무가 있다.

② 국회의원은 국가이익을 우선하여 양심에 따라 직무를 행한다.

③ 국회의원은 그 지위를 남용하여 국가·공공단체 또는 기업체와의 계약이나 그 처분에 의하여 재산상의 권리·이익 또는 직위를 취득하거나 타인을 위하여 그 취득을 알선할 수 없다.

제47조

① 국회의 정기회는 법률이 정하는 바에 의하여 매년 1회 집회되며, 국회의 임시회는 대통령 또는 국회재적의원 4분의 1 이상의 요구에 의하여 집회된다.

② 정기회의 회기는 100일을, 임시회의 회기는 30일을 초과할 수 없다.

③ 대통령이 임시회의 집회를 요구할 때에는 기간과 집회요구의 이유를 명시하여야 한다.

제48조

국회는 의장 1인과 부의장 2인을 선출한다.

제49조

국회는 헌법 또는 법률에 특별한 규정이 없는 한 재적의원 과반수의 출석과 출석의원 과반수의 찬성으로 의결한다. 가부동수인 때에는 부결된 것으로 본다.

제50조

① 국회의 회의는 공개한다. 다만, 출석의원 과반수의 찬성이 있거나 의장이 국가의 안전보장을 위하여 필요하다고 인정할 때에는 공개하지 아니할 수 있다.

② 공개하지 아니한 회의내용의 공표에 관하여는 법률이 정하는 바에 의한다.

제51조

국회에 제출된 법률안 기타의 의안은 회기중에 의결되지 못한 이유로 폐기되지 아니한다. 다만, 국회의원의 임기가 만료된 때에는 그러하지 아니하다.

제52조

국회의원과 정부는 법률안을 제출할 수 있다.

제53조

① 국회에서 의결된 법률안은 정부에 이송되어 15일 이내에 대통령이 공포한다.

② 법률안에 이의가 있을 때에는 대통령은 제1항의 기간내에 이의서를 붙여 국회로 환부하고, 그 재의를 요구할 수 있다. 국회의 폐회중에도 또한 같다.

③ 대통령은 법률안의 일부에 대하여 또는 법률안을 수정하여 재의를 요구할 수 없다.

④ 재의의 요구가 있을 때에는 국회는 재의에 붙이고, 재적의원과반수의 출석과 출석의원 3분의 2 이상의 찬성으로 전과 같은 의결을 하면 그 법률안은 법률로서 확정된다.

⑤ 대통령이 제1항의 기간내에 공포나 재의의 요구를 하지 아니한 때에도 그 법률안은 법률로서 확정된다.

⑥ 대통령은 제4항과 제5항의 규정에 의하여 확정된 법률을 지체없이 공포하여야 한다. 제5항에 의하여 법률이 확정된 후 또는 제4항에 의한 확정법률이 정부에 이송된 후 5일 이내에 대통령이 공포하지 아니할 때에는 국회의장이 이를 공포한다.

⑦ 법률은 특별한 규정이 없는 한 공포한 날로부터 20일을 경과함으로써 효력을 발생한다.

제54조

① 국회는 국가의 예산안을 심의·확정한다.

② 정부는 회계연도마다 예산안을 편성하여 회계연도 개시 90일전까지 국회에 제출하고, 국회는 회계연도 개시 30일전까지 이를 의결하여야 한다.

③ 새로운 회계연도가 개시될 때까지 예산안이 의결되지 못한 때에는 정부는 국회에서 예산안이 의결될 때까지 다음의 목적을 위한 경비는 전년도 예산에 준하여 집행할 수 있다.

1. 헌법이나 법률에 의하여 설치된 기관 또는 시설의 유지·운영
2. 법률상 지출의무의 이행
3. 이미 예산으로 승인된 사업의 계속

제55조

① 한 회계연도를 넘어 계속하여 지출할 필요가 있을 때에는 정부는 연한을 정하여 계속비로서 국회의 의결을 얻어야 한다.

② 예비비는 총액으로 국회의 의결을 얻어야 한다. 예비비의 지출은 차기국회의 승인을 얻어야 한다.

제56조

정부는 예산에 변경을 가할 필요가 있을 때에는 추가경정예산안을 편성하여 국회에 제출할 수 있다.

제57조

국회는 정부의 동의없이 정부가 제출한 지출예산 각항의 금액을 증가하거나 새 비목을 설치할 수 없다.

제58조

국채를 모집하거나 예산외에 국가의 부담이 될 계약을 체결하려 할 때에는 정부는 미리 국회의 의결을 얻어야 한다.

제59조

조세의 종목과 세율은 법률로 정한다.

제60조

① 국회는 상호원조 또는 안전보장에 관한 조약, 중요한 국제조직에 관한 조약, 우호통상항해조약, 주권의 제약에 관한 조약, 강화조약, 국가나 국민에게 중대한 재정적 부담을 지우는 조약 또는 입법사항에 관한 조약의 체결·비준에 대한 동의권을 가진다.

② 국회는 선전포고, 국군의 외국에의 파견 또는 외국군대의 대한민국 영역안에서의 주류에 대한 동의권을 가진다.

제61조

① 국회는 국정을 감사하거나 특정한 국정사안에 대하여 조사할 수 있으며, 이에 필요한 서류의 제출 또는 증인의 출석과 증언이나 의견의 진술을 요구할 수 있다.

② 국정감사 및 조사에 관한 절차 기타 필요한 사항은 법률로 정한다.

제62조

① 국무총리·국무위원 또는 정부위원은 국회나 그 위원회에 출석하여 국정처리상황을 보고하거나 의견을 진술하고 질문에 응답할 수 있다.

② 국회나 그 위원회의 요구가 있을 때에는 국무총리·국무위원 또는 정부위원은 출석·답변하여야 하며, 국무총리 또는 국무위원이 출석요구를 받은 때에는 국무위원 또는 정부위원으로 하여금 출석·답변하게 할 수 있다.

제63조

① 국회는 국무총리 또는 국무위원의 해임을 대통령에게 건의할 수 있다.

② 제1항의 해임건의는 국회재적의원 3분의 1 이상의 발의에 의하여 국회재적의원 과반수의 찬성이 있어야 한다.

제64조

① 국회는 법률에 저촉되지 아니하는 범위안에서 의사와 내부규율에 관한 규칙을 제정할 수 있다.

② 국회는 의원의 자격을 심사하며, 의원을 징계할 수 있다.

③ 의원을 제명하려면 국회재적의원 3분의 2 이상의 찬성이 있어야 한다.

④ 제2항과 제3항의 처분에 대하여는 법원에 제소할 수 없다.

제65조

① 대통령·국무총리·국무위원·행정각부의 장·헌법재판소 재판관·법관·중앙선거관리위원회 위원·감사원장·감사위원 기타 법률이 정한 공무원이 그 직무집행에 있어서 헌법이나 법률을 위배한 때에는 국회는 탄핵의 소추를 의결할 수 있다.

② 제1항의 탄핵소추는 국회재적의원 3분의 1 이상의 발의가 있어야 하며, 그 의결은 국회재적의원 과반수의 찬성이 있어야 한다. 다만, 대통령에 대한 탄핵소추는 국회재적의원 과반수의 발의와 국회재적의원 3분의 2 이상의 찬성이 있어야 한다.

③ 탄핵소추의 의결을 받은 자는 탄핵심판이 있을 때까지 그 권한행사가 정지된다.

④ 탄핵결정은 공직으로부터 파면함에 그친다. 그러나, 이에 의하여 민사상이나 형사상의 책임이 면제되지는 아니한다.

제4장 정부

제1절 대통령

제66조

① 대통령은 국가의 원수이며, 외국에 대하여 국가를 대표한다.

② 대통령은 국가의 독립·영토의 보전·국가의 계속성과 헌법을 수호할 책무를 진다.

③ 대통령은 조국의 평화적 통일을 위한 성실한 의무를 진다.

④ 행정권은 대통령을 수반으로 하는 정부에 속한다.

제67조

① 대통령은 국민의 보통·평등·직접·비밀선거에 의하여 선출한다.

② 제1항의 선거에 있어서 최고득표자가 2인 이상인 때에는 국회의 재적의원 과반수가 출석한 공개
회의에서 다수표를 얻은 자를 당선자로 한다.

③ 대통령후보자가 1인일 때에는 그 득표수가 선거권자 총수의 3분의 1 이상이 아니면 대통령으로
당선될 수 없다.

④ 대통령으로 선거될 수 있는 자는 국회의원의 피선거권이 있고 선거일 현재 40세에 달하여야 한다.

⑤ 대통령의 선거에 관한 사항은 법률로 정한다.

제68조

① 대통령의 임기가 만료되는 때에는 임기만료 70일 내지 40일전에 후임자를 선거한다.

② 대통령이 궐위된 때 또는 대통령 당선자가 사망하거나 판결 기타의 사유로 그 자격을 상실한 때
에는 60일 이내에 후임자를 선거한다.

제69조

대통령은 취임에 즈음하여 다음의 선서를 한다.

"나는 헌법을 준수하고 국가를 보위하며 조국의 평화적 통일과 국민의 자유와 복리의 증진 및 민족문
화의 창달에 노력하여 대통령으로서의 직책을 성실히 수행할 것을 국민 앞에 엄숙히 선서합니다."

제70조

대통령의 임기는 5년으로 하며, 중임할 수 없다.

제71조

대통령이 궐위되거나 사고로 인하여 직무를 수행할 수 없을 때에는 국무총리, 법률이 정한 국무위
원의 순서로 그 권한을 대행한다.

제72조

대통령은 필요하다고 인정할 때에는 외교·국방·통일 기타 국가안위에 관한 중요정책을 국민투표에 붙일 수 있다.

제73조

대통령은 조약을 체결·비준하고, 외교사절을 신임·접수 또는 파견하며, 선전포고와 강화를 한다.

제74조

① 대통령은 헌법과 법률이 정하는 바에 의하여 국군을 통수한다.

② 국군의 조직과 편성은 법률로 정한다.

제75조

대통령은 법률에서 구체적으로 범위를 정하여 위임받은 사항과 법률을 집행하기 위하여 필요한 사항에 관하여 대통령령을 발할 수 있다.

제76조

① 대통령은 내우·외환·천재·지변 또는 중대한 재정·경제상의 위기에 있어서 국가의 안전보장 또는 공공의 안녕질서를 유지하기 위하여 긴급한 조치가 필요하고 국회의 집회를 기다릴 여유가 없을 때에 한하여 최소한으로 필요한 재정·경제상의 처분을 하거나 이에 관하여 법률의 효력을 가지는 명령을 발할 수 있다.

② 대통령은 국가의 안위에 관계되는 중대한 교전상태에 있어서 국가를 보위하기 위하여 긴급한 조치가 필요하고 국회의 집회가 불가능한 때에 한하여 법률의 효력을 가지는 명령을 발할 수 있다.

③ 대통령은 제1항과 제2항의 처분 또는 명령을 한 때에는 지체없이 국회에 보고하여 그 승인을 얻어야 한다.

④ 제3항의 승인을 얻지 못한 때에는 그 처분 또는 명령은 그때부터 효력을 상실한다. 이 경우 그 명령에 의하여 개정 또는 폐지되었던 법률은 그 명령이 승인을 얻지 못한 때부터 당연히 효력을 회복한다.

⑤ 대통령은 제3항과 제4항의 사유를 지체없이 공포하여야 한다.

제77조

① 대통령은 전시·사변 또는 이에 준하는 국가비상사태에 있어서 병력으로써 군사상의 필요에 응하거나 공공의 안녕질서를 유지할 필요가 있을 때에는 법률이 정하는 바에 의하여 계엄을 선포할 수 있다.

② 계엄은 비상계엄과 경비계엄으로 한다.

③ 비상계엄이 선포된 때에는 법률이 정하는 바에 의하여 영장제도, 언론·출판·집회·결사의 자유, 정부나 법원의 권한에 관하여 특별한 조치를 할 수 있다.

④ 계엄을 선포한 때에는 대통령은 지체없이 국회에 통고하여야 한다.

⑤ 국회가 재적의원 과반수의 찬성으로 계엄의 해제를 요구한 때에는 대통령은 이를 해제하여야 한다.

제78조

대통령은 헌법과 법률이 정하는 바에 의하여 공무원을 임면한다.

제79조

① 대통령은 법률이 정하는 바에 의하여 사면·감형 또는 복권을 명할 수 있다.

② 일반사면을 명하려면 국회의 동의를 얻어야 한다.

③ 사면·감형 및 복권에 관한 사항은 법률로 정한다.

제80조

대통령은 법률이 정하는 바에 의하여 훈장 기타의 영전을 수여한다.

제81조

대통령은 국회에 출석하여 발언하거나 서한으로 의견을 표시할 수 있다.

제82조

대통령의 국법상 행위는 문서로써 하며, 이 문서에는 국무총리와 관계 국무위원이 부서한다. 군사에 관한 것도 또한 같다.

제83조

대통령은 국무총리·국무위원·행정각부의 장 기타 법률이 정하는 공사의 직을 겸할 수 없다.

제84조

대통령은 내란 또는 외환의 죄를 범한 경우를 제외하고는 재직중 형사상의 소추를 받지 아니한다.

제85조

전직대통령의 신분과 예우에 관하여는 법률로 정한다.

제2절 행정부

제1관 국무총리와 국무위원

제86조

① 국무총리는 국회의 동의를 얻어 대통령이 임명한다.

② 국무총리는 대통령을 보좌하며, 행정에 관하여 대통령의 명을 받아 행정각부를 통할한다.

③ 군인은 현역을 면한 후가 아니면 국무총리로 임명될 수 없다.

제87조

① 국무위원은 국무총리의 제청으로 대통령이 임명한다.

② 국무위원은 국정에 관하여 대통령을 보좌하며, 국무회의의 구성원으로서 국정을 심의한다.

③ 국무총리는 국무위원의 해임을 대통령에게 건의할 수 있다.

④ 군인은 현역을 면한 후가 아니면 국무위원으로 임명될 수 없다.

제2관 국무회의

제88조

① 국무회의는 정부의 권한에 속하는 중요한 정책을 심의한다.

② 국무회의는 대통령·국무총리와 15인 이상 30인 이하의 국무위원으로 구성한다.

③ 대통령은 국무회의의 의장이 되고, 국무총리는 부의장이 된다.

제89조

다음 사항은 국무회의의 심의를 거쳐야 한다.

1. 국정의 기본계획과 정부의 일반정책
2. 선전·강화 기타 중요한 대외정책
3. 헌법개정안·국민투표안·조약안·법률안 및 대통령령안
4. 예산안·결산·국유재산처분의 기본계획·국가의 부담이 될 계약 기타 재정에 관한 중요사항
5. 대통령의 긴급명령·긴급재정경제처분 및 명령 또는 계엄과 그 해제
6. 군사에 관한 중요사항
7. 국회의 임시회 집회의 요구
8. 영전수여
9. 사면·감형과 복권
10. 행정각부간의 권한의 획정

11. 정부안의 권한의 위임 또는 배정에 관한 기본계획

12. 국정처리상황의 평가·분석

13. 행정각부의 중요한 정책의 수립과 조정

14. 정당해산의 제소

15. 정부에 제출 또는 회부된 정부의 정책에 관계되는 청원의 심사

16. 검찰총장·합동참모의장·각군참모총장·국립대학교총장·대사 기타 법률이 정한 공무원과 국영기업체관리자의 임명

17. 기타 대통령·국무총리 또는 국무위원이 제출한 사항

제90조

① 국정의 중요한 사항에 관한 대통령의 자문에 응하기 위하여 국가원로로 구성되는 국가원로자문회의를 둘 수 있다.

② 국가원로자문회의의 의장은 직전대통령이 된다. 다만, 직전대통령이 없을 때에는 대통령이 지명한다.

③ 국가원로자문회의의 조직·직무범위 기타 필요한 사항은 법률로 정한다.

제91조

① 국가안전보장에 관련되는 대외정책·군사정책과 국내정책의 수립에 관하여 국무회의의 심의에 앞서 대통령의 자문에 응하기 위하여 국가안전보장회의를 둔다.

② 국가안전보장회의는 대통령이 주재한다.

③ 국가안전보장회의의 조직·직무범위 기타 필요한 사항은 법률로 정한다.

제92조

① 평화통일정책의 수립에 관한 대통령의 자문에 응하기 위하여 민주평화통일자문회의를 둘 수 있다.

② 민주평화통일자문회의의 조직·직무범위 기타 필요한 사항은 법률로 정한다.

제93조

① 국민경제의 발전을 위한 중요정책의 수립에 관하여 대통령의 자문에 응하기 위하여 국민경제자문회의를 둘 수 있다.

② 국민경제자문회의의 조직·직무범위 기타 필요한 사항은 법률로 정한다.

제3관 행정각부

제94조

행정각부의 장은 국무위원 중에서 국무총리의 제청으로 대통령이 임명한다.

제95조

국무총리 또는 행정각부의 장은 소관사무에 관하여 법률이나 대통령령의 위임 또는 직권으로 총리령 또는 부령을 발할 수 있다.

제96조

행정각부의 설치 · 조직과 직무범위는 법률로 정한다.

제4관 감사원

제97조

국가의 세입 · 세출의 결산, 국가 및 법률이 정한 단체의 회계검사와 행정기관 및 공무원의 직무에 관한 감찰을 하기 위하여 대통령 소속하에 감사원을 둔다.

제98조

① 감사원은 원장을 포함한 5인 이상 11인 이하의 감사위원으로 구성한다.

② 원장은 국회의 동의를 얻어 대통령이 임명하고, 그 임기는 4년으로 하며, 1차에 한하여 중임할 수 있다.

③ 감사위원은 원장의 제청으로 대통령이 임명하고, 그 임기는 4년으로 하며, 1차에 한하여 중임할 수 있다.

제99조

감사원은 세입 · 세출의 결산을 매년 검사하여 대통령과 차년도국회에 그 결과를 보고하여야 한다.

제100조

감사원의 조직 · 직무범위 · 감사위원의 자격 · 감사대상공무원의 범위 기타 필요한 사항은 법률로 정한다.

제5장 법원

제101조

① 사법권은 법관으로 구성된 법원에 속한다.

② 법원은 최고법원인 대법원과 각급법원으로 조직된다.

③ 법관의 자격은 법률로 정한다.

제102조

① 대법원에 부를 둘 수 있다.

② 대법원에 대법관을 둔다. 다만, 법률이 정하는 바에 의하여 대법관이 아닌 법관을 둘 수 있다.

③ 대법원과 각급법원의 조직은 법률로 정한다.

제103조

법관은 헌법과 법률에 의하여 그 양심에 따라 독립하여 심판한다.

제104조

① 대법원장은 국회의 동의를 얻어 대통령이 임명한다.

② 대법관은 대법원장의 제청으로 국회의 동의를 얻어 대통령이 임명한다.

③ 대법원장과 대법관이 아닌 법관은 대법관회의의 동의를 얻어 대법원장이 임명한다.

제105조

① 대법원장의 임기는 6년으로 하며, 중임할 수 없다.

② 대법관의 임기는 6년으로 하며, 법률이 정하는 바에 의하여 연임할 수 있다.

③ 대법원장과 대법관이 아닌 법관의 임기는 10년으로 하며, 법률이 정하는 바에 의하여 연임할 수 있다.

④ 법관의 정년은 법률로 정한다.

제106조

① 법관은 탄핵 또는 금고 이상의 형의 선고에 의하지 아니하고는 파면되지 아니하며, 징계처분에 의하지 아니하고는 정직·감봉 기타 불리한 처분을 받지 아니한다.

② 법관이 중대한 심신상의 장해로 직무를 수행할 수 없을 때에는 법률이 정하는 바에 의하여 퇴직하게 할 수 있다.

제107조

① 법률이 헌법에 위반되는 여부가 재판의 전제가 된 경우에는 법원은 헌법재판소에 제청하여 그 심판에 의하여 재판한다.

② 명령·규칙 또는 처분이 헌법이나 법률에 위반되는 여부가 재판의 전제가 된 경우에는 대법원은 이를 최종적으로 심사할 권한을 가진다.

③ 재판의 전심절차로서 행정심판을 할 수 있다. 행정심판의 절차는 법률로 정하되, 사법절차가 준용되어야 한다.

제108조

대법원은 법률에 저촉되지 아니하는 범위안에서 소송에 관한 절차, 법원의 내부규율과 사무처리에 관한 규칙을 제정할 수 있다.

제109조

재판의 심리와 판결은 공개한다. 다만, 심리는 국가의 안전보장 또는 안녕질서를 방해하거나 선량한 풍속을 해할 염려가 있을 때에는 법원의 결정으로 공개하지 아니할 수 있다.

제110조

① 군사재판을 관할하기 위하여 특별법원으로서 군사법원을 둘 수 있다.

② 군사법원의 상고심은 대법원에서 관할한다.

③ 군사법원의 조직·권한 및 재판관의 자격은 법률로 정한다.

④ 비상계엄하의 군사재판은 군인·군무원의 범죄나 군사에 관한 간첩죄의 경우와 초병·초소·유독음식물공급·포로에 관한 죄중 법률이 정한 경우에 한하여 단심으로 할 수 있다. 다만, 사형을 선고한 경우에는 그러하지 아니하다.

제6장 헌법재판소

제111조

① 헌법재판소는 다음 사항을 관장한다.

    1. 법원의 제청에 의한 법률의 위헌여부 심판

    2. 탄핵의 심판

    3. 정당의 해산 심판

    4. 국가기관 상호간, 국가기관과 지방자치단체간 및 지방자치단체 상호간의 권한쟁의에 관한 심판

    5. 법률이 정하는 헌법소원에 관한 심판

② 헌법재판소는 법관의 자격을 가진 9인의 재판관으로 구성하며, 재판관은 대통령이 임명한다.

③ 제2항의 재판관중 3인은 국회에서 선출하는 자를, 3인은 대법원장이 지명하는 자를 임명한다.

④ 헌법재판소의 장은 국회의 동의를 얻어 재판관중에서 대통령이 임명한다.

제112조

① 헌법재판소 재판관의 임기는 6년으로 하며, 법률이 정하는 바에 의하여 연임할 수 있다.

② 헌법재판소 재판관은 정당에 가입하거나 정치에 관여할 수 없다.

③ 헌법재판소 재판관은 탄핵 또는 금고 이상의 형의 선고에 의하지 아니하고는 파면되지 아니한다.

제113조

① 헌법재판소에서 법률의 위헌결정, 탄핵의 결정, 정당해산의 결정 또는 헌법소원에 관한 인용결정을 할 때에는 재판관 6인 이상의 찬성이 있어야 한다.

② 헌법재판소는 법률에 저촉되지 아니하는 범위안에서 심판에 관한 절차, 내부규율과 사무처리에 관한 규칙을 제정할 수 있다.

③ 헌법재판소의 조직과 운영 기타 필요한 사항은 법률로 정한다.

제7장 선거관리

제114조

① 선거와 국민투표의 공정한 관리 및 정당에 관한 사무를 처리하기 위하여 선거관리위원회를 둔다.

② 중앙선거관리위원회는 대통령이 임명하는 3인, 국회에서 선출하는 3인과 대법원장이 지명하는 3인의 위원으로 구성한다. 위원장은 위원중에서 호선한다.

③ 위원의 임기는 6년으로 한다.

④ 위원은 정당에 가입하거나 정치에 관여할 수 없다.

⑤ 위원은 탄핵 또는 금고 이상의 형의 선고에 의하지 아니하고는 파면되지 아니한다.

⑥ 중앙선거관리위원회는 법령의 범위안에서 선거관리·국민투표관리 또는 정당사무에 관한 규칙을 제정할 수 있으며, 법률에 저촉되지 아니하는 범위안에서 내부규율에 관한 규칙을 제정할 수 있다.

⑦ 각급 선거관리위원회의 조직·직무범위 기타 필요한 사항은 법률로 정한다.

제115조

① 각급 선거관리위원회는 선거인명부의 작성등 선거사무와 국민투표사무에 관하여 관계 행정기관에 필요한 지시를 할 수 있다.

② 제1항의 지시를 받은 당해 행정기관은 이에 응하여야 한다.

제116조

① 선거운동은 각급 선거관리위원회의 관리하에 법률이 정하는 범위안에서 하되, 균등한 기회가 보장되어야 한다.

② 선거에 관한 경비는 법률이 정하는 경우를 제외하고는 정당 또는 후보자에게 부담시킬 수 없다.

제8장 지방자치

제117조

① 지방자치단체는 주민의 복리에 관한 사무를 처리하고 재산을 관리하며, 법령의 범위안에서 자치에 관한 규정을 제정할 수 있다.

② 지방자치단체의 종류는 법률로 정한다.

제118조

① 지방자치단체에 의회를 둔다.

② 지방의회의 조직·권한·의원선거와 지방자치단체의 장의 선임방법 기타 지방자치단체의 조직과 운영에 관한 사항은 법률로 정한다.

제9장 경제

제119조

① 대한민국의 경제질서는 개인과 기업의 경제상의 자유와 창의를 존중함을 기본으로 한다.

② 국가는 균형있는 국민경제의 성장 및 안정과 적정한 소득의 분배를 유지하고, 시장의 지배와 경제력의 남용을 방지하며, 경제주체간의 조화를 통한 경제의 민주화를 위하여 경제에 관한 규제와 조정을 할 수 있다.

제120조

① 광물 기타 중요한 지하자원·수산자원·수력과 경제상 이용할 수 있는 자연력은 법률이 정하는 바에 의하여 일정한 기간 그 채취·개발 또는 이용을 특허할 수 있다.

② 국토와 자원은 국가의 보호를 받으며, 국가는 그 균형있는 개발과 이용을 위하여 필요한 계획을 수립한다.

제121조

① 국가는 농지에 관하여 경자유전의 원칙이 달성될 수 있도록 노력하여야 하며, 농지의 소작제도는 금지된다.

② 농업생산성의 제고와 농지의 합리적인 이용을 위하거나 불가피한 사정으로 발생하는 농지의 임대차와 위탁경영은 법률이 정하는 바에 의하여 인정된다.

제122조

국가는 국민 모두의 생산 및 생활의 기반이 되는 국토의 효율적이고 균형있는 이용 · 개발과 보전을 위하여 법률이 정하는 바에 의하여 그에 관한 필요한 제한과 의무를 과할 수 있다.

제123조

① 국가는 농업 및 어업을 보호 · 육성하기 위하여 농 · 어촌종합개발과 그 지원등 필요한 계획을 수립 · 시행하여야 한다.

② 국가는 지역간의 균형있는 발전을 위하여 지역경제를 육성할 의무를 진다.

③ 국가는 중소기업을 보호 · 육성하여야 한다.

④ 국가는 농수산물의 수급균형과 유통구조의 개선에 노력하여 가격안정을 도모함으로써 농 · 어민의 이익을 보호한다.

⑤ 국가는 농 · 어민과 중소기업의 자조조직을 육성하여야 하며, 그 자율적 활동과 발전을 보장한다.

제124조

국가는 건전한 소비행위를 계도하고 생산품의 품질향상을 촉구하기 위한 소비자보호운동을 법률이 정하는 바에 의하여 보장한다.

제125조

국가는 대외무역을 육성하며, 이를 규제 · 조정할 수 있다.

제126조

국방상 또는 국민경제상 긴절한 필요로 인하여 법률이 정하는 경우를 제외하고는, 사영기업을 국유 또는 공유로 이전하거나 그 경영을 통제 또는 관리할 수 없다.

제127조

① 국가는 과학기술의 혁신과 정보 및 인력의 개발을 통하여 국민경제의 발전에 노력하여야 한다.

② 국가는 국가표준제도를 확립한다.

③ 대통령은 제1항의 목적을 달성하기 위하여 필요한 자문기구를 둘 수 있다.

제10장 헌법개정

제128조

① 헌법개정은 국회재적의원 과반수 또는 대통령의 발의로 제안된다.

② 대통령의 임기연장 또는 중임변경을 위한 헌법개정은 그 헌법개정 제안 당시의 대통령에 대하여는 효력이 없다.

제129조

제안된 헌법개정안은 대통령이 20일 이상의 기간 이를 공고하여야 한다.

제130조

① 국회는 헌법개정안이 공고된 날로부터 60일 이내에 의결하여야 하며, 국회의 의결은 재적의원 3분의 2 이상의 찬성을 얻어야 한다.

② 헌법개정안은 국회가 의결한 후 30일 이내에 국민투표에 붙여 국회의원선거권자 과반수의 투표와 투표자 과반수의 찬성을 얻어야 한다.

③ 헌법개정안이 제2항의 찬성을 얻은 때에는 헌법개정은 확정되며, 대통령은 즉시 이를 공포하여야 한다.

부칙 〈제10호, 1987. 10. 29.〉

제1조

이 헌법은 1988년 2월 25일부터 시행한다. 다만, 이 헌법을 시행하기 위하여 필요한 법률의 제정·개정과 이 헌법에 의한 대통령 및 국회의원의 선거 기타 이 헌법시행에 관한 준비는 이 헌법시행 전에 할 수 있다.

제2조

① 이 헌법에 의한 최초의 대통령선거는 이 헌법시행일 40일 전까지 실시한다.

② 이 헌법에 의한 최초의 대통령의 임기는 이 헌법시행일로부터 개시한다.

제3조

① 이 헌법에 의한 최초의 국회의원선거는 이 헌법공포일로부터 6월 이내에 실시하며, 이 헌법에 의하여 선출된 최초의 국회의원의 임기는 국회의원선거후 이 헌법에 의한 국회의 최초의 집회일로부터 개시한다.

② 이 헌법공포 당시의 국회의원의 임기는 제1항에 의한 국회의 최초의 집회일 전일까지로 한다.

제4조

① 이 헌법시행 당시의 공무원과 정부가 임명한 기업체의 임원은 이 헌법에 의하여 임명된 것으로 본다. 다만, 이 헌법에 의하여 선임방법이나 임명권자가 변경된 공무원과 대법원장 및 감사원장은 이 헌법에 의하여 후임자가 선임될 때까지 그 직무를 행하며, 이 경우 전임자인 공무원의 임기는 후임자가 선임되는 전일까지로 한다.

② 이 헌법시행 당시의 대법원장과 대법원판사가 아닌 법관은 제1항 단서의 규정에 불구하고 이 헌법에 의하여 임명된 것으로 본다.

③ 이 헌법중 공무원의 임기 또는 중임제한에 관한 규정은 이 헌법에 의하여 그 공무원이 최초로 선출 또는 임명된 때로부터 적용한다.

제5조

이 헌법시행 당시의 법령과 조약은 이 헌법에 위배되지 아니하는 한 그 효력을 지속한다.

제6조

이 헌법시행 당시에 이 헌법에 의하여 새로 설치될 기관의 권한에 속하는 직무를 행하고 있는 기관은 이 헌법에 의하여 새로운 기관이 설치될 때까지 존속하며 그 직무를 행한다.

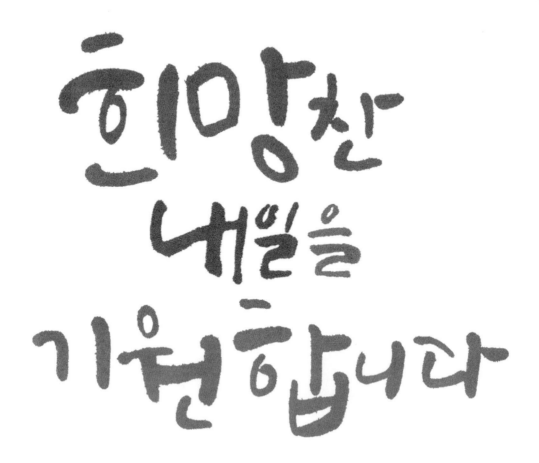

희망찬 내일을 기원합니다

공무원 대비서	취업 대비서	군 관련 시리즈	자격증 시리즈	동영상 강의

수험서 BEST SELLER

공무원

9급 공무원 파워특강 시리즈

국어, 영어, 한국사, 행정법총론, 행정학개론,
교육학개론, 사회복지학개론, 국제법개론

5, 6개년 기출문제

영어, 한국사, 행정법총론, 행정학개론, 회계학,
교육학개론, 사회복지학개론, 사회, 수학, 과학

10개년 기출문제

국어, 영어, 한국사, 행정법총론, 행정학개론,
교육학개론, 사회복지학개론, 사회

소방공무원

필수과목, 소방학개론, 소방관계법규,
인·적성검사, 생활영어 등

자격증

사회조사분석사 2급 1차 필기

생활정보탐정사

청소년상담사 3급(자격증 한 번에 따기)

임상심리사 2급 기출문제

NCS기본서

공공기관 통합채용